HOW
The Secret
CHANGED
MY LIFE

론다 번이 쓴 다른 책들

『시크릿』

『시크릿 다이어리』

『시크릿 데일리 티칭』

『파워』

『매직』

『히어로』

시크릿에 관한 책들

『시크릿 두 번째 이야기』

폴 해링턴 지음, 장정운 옮김

『헨리의 상상력』

스카이 번 지음, 닉 조지 그림, 김경연 옮김

HOW
The Secret
CHANGED
MY LIFE

Real People. Real Stories.

Rhonda Byrne

살림

옮긴이 허선영

전남대학교 경영대학을 졸업했다. 바른번역 글밥 아카데미 영어 출판번역과정을 수료했으며 현재 영어 강사로 근무 중이다. 옮긴 책으로는『난센스 노벨』『수선화 살인사건』『오톨린과 보랏빛 여우』『겟 스마트』『비주얼 공부법』등이 있다.

HOW THE SECRET CHANGED MY LIFE

세상에 단 하나뿐인
당신에게 바칩니다.

Contents

책을 시작하며

『시크릿』이 전 세계에 출간된 후, 수만 명이 자신이 어떻게 '시크릿 법칙'을 이용해 원하는 것을 끌어당겼는지를 공유하려고 우리에게 편지를 보냈다. 그들은 건강, 재물, 완벽한 연인, 꿈꾸던 직장을 소망했고, 결혼생활이나 연인 관계의 회복도 원했다. 상실한 것을 되찾게 해달라는 소원도 있었고, 심지어 우울증을 행복으로 바꾸고 싶다는 소원도 있었다. 이들은 전 세계 모든 문화와 나라에서 『시크릿』에 나온 방법을 따라 했고 자신의 삶을 비범한 삶으로 바꿨다. 그러면서 보통 사람들이 불가능하다고 말하는 일을 해냈고, 세상에 불가능한 일은 없다는 사실을 알게 되었다.

우리는 지난 10년간 받은 편지에서 가장 기적에 가깝고, 희망과 용기를 주는 실제 '시크릿 사연'을 모아 이 책을 만들었다. 독자들은 이 이야기를 읽으면서 생각의 한계를 뛰어넘어 잊을 수 없는 여행을 할 것이다. 이 사연들은 당신이 누구든, 어디에 있든, '시크릿'을 사용해 원하는 소망은 무엇이든 이뤄낼 수 있다는 사실을 분명히 보여준다.

'시크릿 이야기'와 함께, 이 책 곳곳에서 시크릿의 지혜가 당신을 안내할 것이다. 당신이 시크릿을 처음 접한다면, 이 책을 통해 시크릿 법칙을 어떻게 사용할지 종합적으로 이해할 수 있을 것이다. 당신이 이미 시크릿을 알고 있다면, 원하는 것이 가득 차 있는 행복한 삶을 누리기 위해 당신이 실천할 간단한 일들을 되새기게 될 것이다.

여러 해 동안 나는 끝이 없어 보이던 소원 목록을 현실로 이루었다. 하지만 시크릿으로부터 받은 가장 큰 선물을 이야기하자면, 두말할 것도 없이, 자신의 삶을 기적처럼 바꾼 사람들의 이야기를 들은 일이다. 물질적인 목표를 이루거나 물질을 얻는 일은 매우 짜릿하다. 당신은 원하는 것을 무엇이든 얻을 수 있다. 그런데 다른 사람이 더 나은 삶을 살도록 도울 수 있다면, 절대로 사라지지 않을 행복을 경험할 것이다. 결국 행복은 우리가 원하는 최종 목표가 아닌가.

나는 당신이 얼마나 쉽게 삶을 바꿀 수 있는지 알기를 바란다. 자신이 원하는 틀대로 끼워 맞춰서는 삶을 바꿀 수 없다는 사실도 알았으면 한다. 당신은 오직 한 가지 방법으로만 삶을 바꿀 수 있다. 생각을 바꿔라. 그러면 인생이 바뀔 것이다.

론다 번 *Rhonda Byrne*

사람은 두 부류가 있다.

한 부류는

"나는 눈으로 본 것만 믿는다"라고 말한다.

또 다른 부류는

"어떤 것을 보려면 먼저 믿어야 한다는 것을 안다"

라고 말한다.

『시크릿 데일리 티칭』 중에서

나는 어떻게 구하고, 믿고, 받았나: 창조 과정

삶의 가장 큰 비밀은 비슷한 것들끼리 끌어당긴다는 '끌어당김의 법칙'이다. 끌어당김의 법칙을 당신에게 적용하면, 당신이 품고 있는 생각이나 이미지와 비슷한 경험과 환경을 당신이 당신 삶으로 끌어당기고 있다는 뜻이다. 늘 생각하고 있는 것이라면 무엇이든 당신의 삶으로 끌어당길 수 있다.

원하는 것을 떠올리고, 계속 생각하면, 당신의 삶으로 가져올 수 있다. 이 가장 강력한 법칙을 통해 생각은 현실이 된다. 당신의 현재 생각은 미래의 삶을 만들므로, 지금 생각을 바꾸면 삶을 바꿀 수 있다.

당신이 일단 시크릿을 이해한다면, '창조 과정'을 이용해 원하는 것을 무엇이든 끌어당겨서 꿈꾸던 삶을 살 수 있다. 창조 과정은 간단한 세 단계, '구하라, 믿어라, 받아라'로 이루어져 있다.

첫 번째 단계: 구하라

끌어당김의 법칙은 당신이 머릿속에 계속 품고 있는 생각에 반응한다. 당신이 매우 구체적인 것을 요구하더라도, 요구한 것을 정확히 받을지 의심할 필요가 없다.

스티비 원더와 노래하기

안녕하세요, 여러분. 제 이름은 존 퍼레라*John Pereira*입니다. 저는 시크릿이 제 인생에 어떻게 작용했는지 설명하려 합니다. 먼저, 당시엔 제 일이 잘 풀리지 않아서 기분이 우울했고 화가 쌓여 있었습니다. 누나와 함께 다른 동업자와 사업을 했는데, 주로 그 동업자에게 맺힌 게 많았죠. 그 무렵 「시크릿」 비디오를 보라고 계속 저를 조르고 있던 누나는 어느 날, 하던 일을 모두 멈추게 하고 그 영화를 보여주더군요. 그날부터 저는 끌어당김의 법칙을 시도하고 실천하기로 마음먹었습니다.

이틀 후, 헬스장에서 신문을 읽다가 10월 22일에 스티비 원더*Stevie Wonder*가 콘

서트를 한다는 기사를 봤습니다. 그날은 제 생일이기도 했죠. 저는 누나에게 말했어요. "바로 이거야. 난 스티비를 그냥 만나기만 하는 게 아니라, 같이 노래도 할 거야!"

저는 모두에게 조지 벤슨*George Benson*(유명한 재즈 기타리스트-옮긴이)을 만난 적 있고, 자미로콰이*Jamiroquai*(영국의 유명 밴드-옮긴이)랑은 파티를 했는데, 이제는 리더인 스티비 원더와 직접 노래도 할 거라고 자랑했습니다. 모두 제가 미쳤다고 생각했죠. 다음 날, 형 집에 놀러 갔을 때, 커피를 만들러 일어나면서 형에게 함께 보던 TV 프로그램을 잠깐 멈춰달라고 부탁했습니다. 방으로 돌아왔을 때 정지된 화면에는 '스티비 원더와 무대에서 라이브로 노래할 기회에 도전하세요'라고 써 있었습니다. 믿기지 않았어요!

저는 참가 신청을 하러 곧장 집으로 갔습니다. 왜 스티비 원더랑 노래하고 싶은지를 스무 단어로 써야 했는데, 그냥 머릿속에서 술술 나오더군요. 참가 신청서를 제출한 후에 여자 친구에게 다시 제출해야 할지를 물었어요. 바로 그 순간, 컴퓨터가 고장 나더니 작동이 되지 않더군요. "걱정하지 마." 여자 친구에게 말했습니다. "이건 내 거야. 다시 신청할 필요도 없어!"

일주일쯤 지나서, 친구들과 밖에서 술을 마시고 있었어요. 저는 친구 한 명에게 이렇게 말했죠. "내가 스티비 원더랑 노래하는 거 알아?" 이번에도 그 친구는 절 미친 사람 보듯 보더군요.

바로 다음 날, 퇴근 후 집에 가서 누나에게 말했습니다. "스티비 원더랑 노래할 땐 어떻게 해야 할까?" "그냥 맘을 편하게 먹어. 언제 끝났는지 모르게 금방 지나갈 테니까, 그 순간을 즐겨"라고 누나가 말했어요. 오후에 낮잠을 막 자려던 참에 전화가 울렸어요. 제가 받았고, 그 남자가 말했죠. "존 퍼레라 씨 맞나요? 참가 신청하셨죠?" "네." "축하드립니다. 최종 당선자가 되셨습니다!"

저는 소리를 지르면서 여자 친구를 공중으로 들어올렸어요. 부모님께 전화해서 소리를 질렀죠. 누나에게 전화해서도 소리를 질렀고, 형에게 전화해서도 소리를 질렀어요. 전날 밤 만났던 친구는 제 말에 "그래, 그래"라고만 대답하더군요. 믿기지 않았겠죠.

그러니 혹시라도 믿지 않는 분이 있다면, 믿으세요! 제가 바로 살아 있는 증거입니다. 그리고 그 장면을 보고 싶으시다면, 유튜브 동영상이 여기 있습니다.
https://youtu.be/lMftLNs_G6M

– 호주 시드니에서, 존 *John P.*

시크릿을 이용해서 매우 구체적인 소원을 끌어당긴 사람의 놀라운 예가 또 있다.

그건 기적이었어요

「오프라 윈프리 쇼」에서 『시크릿』을 처음 알게 됐습니다. 저는 책과 비디오에 나온 한마디 한마디를 진심으로 믿었습니다. 그리고 우주 은행의 수표를 내려받도록 링크를 걸어놓은 이메일을 『시크릿』으로부터 받았어요. 수표를 내려받은 후, 10만 링깃(미국 화폐 2만 5,000달러에 해당하는 말레이시아 통화)을 재미로 써넣은 다음, 화장대 옆에 걸린 작은 비전 보드에 핀으로 꽂아두었습니다.

그리고는 1링깃짜리 지폐를 꺼내서 마커로 동그라미를 그려 넣었어요. 100,000.00이라고 쓰고 싶었지만, 공간이 너무 작아서 동그라미를 다섯 개만 겨우 그려 1,000.00이라고 썼어요. 하지만 버리고 싶진 않아서, 비전 보드에 수표와 함께 붙여놓았습니다.

저는 매일 비전 보드를 보면서 그것이 일어나리라 믿는다고 자신에게 말했습니다. 시각화*visualization* 연습을 옳게 하고 있는지 알 순 없었지만, 가끔 머릿속으로 소원을 이룬 장면을 그려봤습니다. 그리고 솔직히 말하자면, 시간이 흐를수록 저는 그 수표와 지폐를 잊고 지냈습니다.

그러다가 10월 초, 은행 서비스 창구에서 카드 대금을 내고 있을 때, 저는 그 회사가 개최하는 '10만 링깃 드림캐처 SMS 대회'의 팸플릿을 봤어요. 대회는 7월 5일에 시작해서 10월 15일에 끝날 예정이었는데, 저는 그때 처음 들었지요. 그 순간 저는 생각했어요. '음, 참가 신청 마감이 아직도 2주나 남았네. 늦더라도 안 하는 것보단 낫지.' 그래서 저도 참가했어요.

그리고 그달 말에, 신용 카드 회사로부터 10월 당첨자에 뽑혀 2등 상을 타게 됐다는 전화를 받았어요. 2등 상금으로, 현금 1,000링깃을 받았답니다. 너무 기분이 좋았어요. 그렇게 큰 이벤트에서 당첨된 적이 한 번도 없었으니까요. 저는 남편에게 이 소식을 알렸고, 우리는 기뻐서 펄쩍펄쩍 뛰었어요.

그 일이 있고 두 달 후, 카드 회사로부터 또 전화를 받았어요. 제가 10만 링깃이 걸린 대상을 두고 경쟁할 최종 후보자 열한 명에 뽑혔고, 수상자는 그다음 주에 결정될 거라더군요.

그날 밤 화장대에 앉아 있었는데, 비전 보드가 눈에 들어왔어요. 거기에 석 달 전에 썼던 10만 링깃짜리 수표가 있었죠. 100,000.00링깃이 아니라 1,000링깃처럼 보이는 1링깃짜리 지폐를 발견했을 땐 심장이 두근거렸어요.

저는 지폐와 수표를 들고 거실로 돌아와 남편에게 보여줬어요. 제가 말했죠. "여보, 내가 왜 2등으로 뽑혀 1,000링깃을 상금으로 받았는지 알 것 같아요. 바로 1링깃짜리 지폐 덕분이었어요! 내가 우연히 주문했는데도, 하느님은 그걸 나한테 갖다주셨어요! 시크릿이 작동했나봐요!"

전 행복의 눈물을 흘렸습니다. 제 안의 작은 목소리가 제가 대상 수상자가 될 거라고, 신이(우주가) 제게 10만 링깃짜리 수표를 전해주도록 사건과 사람들과 환경을 준비해놓았다고 계속 속삭였어요.

그런 다음 저는 『시크릿』에서 '돈의 비밀' 장을 찾아서 읽었고, 비디오도 다시 봤어요. 그 상금이 과연 내 것일까 하고 의심이 들 때마다, 무대 위에서 커다란 10만 링깃짜리 모형 수표를 들고 미소를 짓는 제 모습을 상상했어요.

대상 발표를 하는 날 아침, 집을 떠나기 전에 남편이 제게 말했죠. "당신이 쓴 10만 링깃짜리 수표를 가지고 와. 오늘 진짜 수표를 받을 거니까." 저는 남편이 시킨 대로 했어요.

발표장에 들어서기 전에, 저는 마지막으로 그 수표를 다시 보고 상금을 받는 모습을 시각화하면서 의심을 떨쳐내려고 노력했어요. 그때, 수표 윗부분에 있는 송금 통지서*remittance advice* 난의 '기분 좋아(FEEL GOOD)'라는 문구가 눈에 들어왔지요. 저는 빨리 남편의 휴대폰을 집어 들고 사진 앨범을 열어 두 살배기 딸 사진을 봤어요. 딸아이의 예쁜 미소를 보니 가슴속에서 행복이 차올랐고, 올바른 길로 가고 있다는 확신이 들었어요. 기다리는 내내 저는 딸의 미소와 상금을 받는 모습만 생각했어요.

그랬더니, 진짜로 상금을 받았어요!

저는 10만 링깃을 상금으로 받았답니다. 제 이름이 불릴 때, 저는 기시감(데자

뷔, 지금 자신에게 일어나는 일을 전에도 경험한 적이 있는 것처럼 느끼는 것 – 옮긴이)을 느꼈어요. 머릿속에서 똑같은 그림을 너무나 여러 번 떠올렸으니까요.

모형 수표를 전해준 후 심사위원이 제게 말했죠. "당신이 최종 후보자 열 명과 함께 이 방으로 들어왔을 때, 그중에서 당신이 가장 행복해 보였어요. 아마 당신이 뽑힐 걸 알고 있었기 때문인가봐요."

그것은 정말 기적이었어요. 저는 8월 18일에 지폐에 우연히 1,000.00링깃이라고 썼고, 수표에는 100,000.00링깃이라고 적었어요. 그런데 12월 12일에 두 가지가 모두 실현됐어요.

제게 일어난 일을 친구들과 가족들에게 말했더니, 의심했던 사람들이 시크릿을 정말로 믿게 됐어요.

– 말레이시아 쿠알라룸푸르에서, 에니 *Enny*

당신이 원하는 것을 받는 일이 거의 불가능하다고 느껴질지도 모른다. 하지만 끌어당김의 법칙에는 불가능한 일이란 없고 무엇이든 가능하다. 다음에 나오는 길 잃은 퍼그 '뽀빠이' 사례에서처럼 당신이 기적을 요구하더라도 말이다.

뽀빠이

저는 스물한 살 먹은 딸과 딸이 키우는 네 살짜리 수컷 퍼그 뽀빠이와 넉 달간 함께 지냈습니다. 그 당시엔 제가 뽀빠이를 주로 돌봤습니다. 딸이 이사를 가면서 제가 애지중지하던 뽀빠이를 데리고 갔고, 두어 달은 서로 연락이 닿지 않았습니다. 나중에 제가 뽀빠이 안부를 묻자 딸은 이렇게 말했습니다. 녀석이 집 마당에서 도망가버려서 찾지 못했다고요.

저는 전단을 만든 후 복사 가게에 가서 100장을 복사했습니다. 뽀빠이가 실종된 장소 주변 여기저기에 전단을 붙였습니다. 뽀빠이가 집을 나간 지 얼마나 됐느냐고 물으니 한 달쯤 됐다고 하더군요. 저는 딸아이가 더 일찍 말하지 않은 것에 충격을 받았습니다. 통계에 따르면, 애완동물을 잃어버린 후 3주 안에 찾지 못하면 영영 찾지 못할 확률이 높다고 합니다.

저는 퍼그에 관해 말하는 동네 사람들의 전화를 몇 통 받았습니다. 그리고 그때마다 사람들이 봤다는 장소 어디든지 달려갔습니다. 그러던 어느 날, 수컷 퍼그를 데리고 있다는 전화를 받았습니다. 저는 그리로 달려갔지만 우리 개가 아니었습니다. 시간이 흘렀고, 전단을 더 많이 붙였죠. 하지만 걸려오는 전화는 점점 뜸해졌습니다. 저는 신문에 광고를 싣고, 동네를 수색했으며, 사람들과 이야기를 나누고, 전단을 더 많이 뿌렸습니다.

그때서야 『시크릿』을 알게 됐습니다. 시크릿이 제 인생에 들어왔던 날은, 아들을 데리고 미시시피 주립대학교에 학교 탐방차 갔다가 캠퍼스 구내서점에 들렀을 때였어요. 처음 서점에 들어갔을 때는 책을 몇 권 샀지만 『시크릿』은 사지 않았죠. 그 책을 보지도 못했어요.

그런데 그날 아들이 다른 책이 필요하다고 해서 저는 서점에 다시 갔습니다. 계산대에 줄을 서 있는데 『시크릿』이 눈에 띄었습니다. 내용은 몰랐어요. 그저 표지가 눈에 확 띄어서 구매했습니다. 주말이 지난 후에야 책을 집에 가지고 와서 읽기 시작했어요. 그러다 저는 왜 뽀빠이가 아직도 집에 오지 못했는지 깨달았습니다. 뽀빠이가 딸과 떠난 후, 저는 뽀빠이 침대를 차고에 넣어뒀습니다. 전에는 제 방에 있었는데, 그걸 보고 있자니 마음이 아팠거든요. 저는 뽀빠이 침대를 다시 방 안으로 들여놓고, 동물병원에 가서 먹이도 샀어요. 계속 포스터를 붙이면서도 뽀빠이가 집으로 돌아오게 해주셔서 감사하다고도 말했습니다. 뽀빠이가 집에 있다고 진심으로 믿은 나머지 너무 감사해서 눈물을 흘리기도 했습니다.

2주 동안 전화 한 통 걸려오지 않았지만, 저는 믿음을 잃지 않았습니다. 그러던 어느 날, 그 동네에서 퍼그를 봤다는 전화가 걸려왔어요. 그들이 뽀빠이를 봤을 때 실종된 지 2주쯤 된 시점이었는데, 아직 희망이 있다는 것을 제게 알려주고 싶다고 했죠. 그분들이 무척 고마웠습니다.

그러고는 몇 시간 후에 다른 전화를 받았습니다. 남자분이 말하길 뽀빠이가 여자 조카랑 텍사스에 있다더군요. 뽀빠이가 실종될 당시 조카가 집에 놀러 왔는데, 학교 옆에서 개를 발견했다고 말했다더군요. 그 학교는 뽀빠이가 도망친 곳에서 매우 가까웠지요. 조카는 동네를 돌아다니면서 개를 알고 있는 사람을 찾았지만 아무도 찾지 못했다고 했습니다. 그래서 집으로 돌아갈 때가 되자 함께 데리고 갔다고 했어요. 저에게 전화를 준 그 남자는 여러 달 여행을 다녀오느라, 집에 돌아와서야 제가 동네에 붙인 전단을 보았고, 바로 조카에게 전화를 걸어 뽀빠이 가족이 뽀빠이를 찾고 있다고 말했답니다. 그분이 조카 전화번호를 알려줬고, 제가 전화를 걸어 그 개가 뽀빠이가 잘하던 재주를 부리는지 물었어요. 그리고 물론 뽀빠이는 재주를 부렸지요.

이제 여러분은 미시시피에 있는 제가 어떻게 텍사스에 있는 뽀빠이를 데리고 올지 궁금하시겠지요? 자, 나머지 이야기는 이렇습니다. 뽀빠이를 데리고 있던 여자분이 저희 아버지와 15분 떨어진 거리에 살고 있었어요. 아버지가 뽀빠이를 찾아왔고, 아버지는 저희 아들 졸업식에 참석차 집에 오면서 뽀빠이를 데리고 오기로 했답니다!

— 미국 미시시피에서, 마르타 *Marta*

마르타는 뽀빠이가 집에 있다고 믿어야 한다는 것을 알았지만, 사랑하는 애완동물을 잃었을 때 그렇게 하기란 결코 쉬운 일이 아니다. 그녀는 뽀빠이 침대를 다시 자기 방에 갖다놓고, 먹을거리를 사두는 등 매우 강력하고 구체적인 행동을 취했다. 그런 행동이 뽀빠이가 집에 이미 돌아왔다는 것을 의미하기 때문이다. 마르타의 믿음은 매우 강해서 뽀빠이가 돌아오게 해주어서 고맙다는 감사의 눈물까지 흘렸다. 이런 믿음이 바로 창조 과정에 필요한 두 번째 필수 단계다.

두 번째 단계: 믿어라

구하고, 믿고, 받아라. 이 단순한 세 단계가 당신이 원하는 것을 이뤄준다. 두 번째 단계인 '믿어라'는 가장 어려울 수 있지만, 가장 위대한 단계일 것이다. 믿음에는 조금의 의심도 없다. 믿음은 흔들림이 없다. 믿음은 완전한 신뢰다. 믿음은 외부에서 무슨 일이 일어나든 변함없이 그대로란 뜻이다.

당신이 믿음의 단계를 완성할 때, 당신의 삶도 함께 완성된다.

『시크릿 데일리 티칭』 중에서

저는 믿어요!

약 여섯 달 전에, 남자 친구와 저는 즉흥적으로 이사를 결정했습니다. 남자 친구가 예전에 살던 도시로요. 일자리를 더 쉽게 찾으려고 남자 친구가 먼저 가서 친구와 함께 지냈어요. 물론 남자 친구가 무척 그리웠기 때문에 제겐 힘든 시기였습니다. 하지만 저는 이미 직장에 사직서를 냈고 한 달 후 따라갈 계획이었어요.

그러나 시간이 흐르면서, 제대로 돌아가는 일이 하나도 없었습니다. 남자 친구는 원하는 직장을 구하지 못했거든요. 거의 한 달간 실직 상태였어요. 저는 새 직장을 구하지 못했고, 무엇보다도 제가 살던 아파트를 인수할 사람도 아직 못 찾은 상태였어요. 제가 이사 가는 날 들어올 사람을 찾지 못하면, 석 달 치 월세를 내야 했는데, 그럴 형편이 못 됐어요. 남자 친구는 저랑 멀리 떨어져 있었죠. 저는 외로웠고 거의 절망했어요. 시간과 돈이 저희에게서 멀어지는 것 같았습니다.

남자 친구를 보러 갔던 어느 주말에 우리는 이사 갈 아파트를 하나 찾았어요. 하지만 거기 살던 가족은 우리가 계획했던 이삿날에서 며칠 더 지난 후에야 집을 비울 수 있다고 하더군요. 저희는 이미 이삿짐 업체에 예약한 상태였기 때문에 날짜를 바꿀 수는 없었어요. 모든 일이 엉망인 것 같았죠.

이삿날 일주일쯤 전, 몹시 절망해서 울고 있던 어느 날 밤에 『시크릿』을 읽었어요. 저는 돌멩이 두 개를 골라서 고마움 돌멩이로 삼고, 한 손에 그 돌멩이들을 쥔 채 다른 손으로 제 인생에서 감사한 것과 바라는 것을 전부 썼어요. 특히 이사 가서 새 인생을 살고 싶다고 썼죠. 직장을 원했고 휴가도 원했어요. 당장 취직하고 싶었지만 그 도시에 대해 알고 새 아파트에 자리 잡을 시간이 필요하기도 했어요. 남자 친구의 직장도 원했고, 하루 뒤도 아닌 우리가 계획했던 딱 그 주말에 아파트로 들어갈 수 있기를 바랐습니다! 저는 이사 가기로 한 집의 사진을 두

장 인쇄해서, 이사 가고 싶은 날짜를 빨간색으로 크게 썼어요. 한 장은 지니고 다녔고, 다른 한 장은 침대 옆에 뒀어요. 또 우리가 이사 나가는 날 우리 아파트에 들어올 착한 아가씨가 나타나기를 바랐습니다.

저는 바지 주머니에 고마움 돌멩이를 가지고 다니면서, 그걸 만질 때마다 그날 밤 제가 썼던 소원 목록을 생각했어요.

그리고 무슨 일이 일어났는지 맞혀보세요! 한 아가씨가 이사 가기 5일 전에 전화해서, 제 아파트로 이사 오고 싶다고 말했어요. 심지어 그녀는 제가 가지고 갈 수 없어서 팔려고 했던 세탁기도 사겠다고 말했지요. 남자 친구와 저는 우리가 계획했던 딱 그 주말에 새 아파트로 들어갔고, 2주 동안 예쁜 새 도시와 집에 적응한 후, 둘 다 같은 날 새 직장의 고용 계약서에 서명했답니다!

『시크릿』과 나 자신을 더 잘 알게 돼서 정말 고맙습니다. 정말로 효과가 있었어요. 여러분이 해야 할 일은 그저 믿는 것, 특히 여러분 자신을 믿는 겁니다. 『시크릿』은 매일 제게 도움이 되고 있어요. 론다, 『시크릿』을 저희와 공유해주어서 고마워요. 저도 계속 그 비밀을 나누며 살겠습니다.

– 독일에서, 니아 *Nia*

당신은 원하는 것을 요구하는 순간 그것이 이미 당신 것이라는 사실을 알아야 한다. 당신은 완벽하고 전적인 믿음을 가져야만 한다. 당신은 마치 '지금' 그것을 가진 것처럼 행동하고, 말하고, 생각해야 한다. 그것이 바로 믿는 것이다.

니아는 그녀가 '이미 가졌다'는 믿음을 강화하기 위해 이사 갈 날짜를 쓴 새 집의 사진을 사용했다. 당신이 이런 믿음의 경지에 도달할 때, 우주는 당신이 받을 수 있도록 모든 사람과 환경과 사건을 틀림없이 움직일 것이다! 어떻게 그 일이 일어날지, '어떻게' 우주가 그것을 당신에게 가져다줄지는 당신이 걱정하거나 신경 쓸 일이 아니다. 그저 우주가 당신을 위해 그렇게 하도록 하라.

당신이 '어떻게' 소원이 이루어질지 알아내려 한다면, 당신은 믿음이 부족하다는 주파수를 방출하는 것이다. 그것을 이미 받았다고 믿고 있지 않기 때문이다. 그렇다면 당신은 '당신이' 소원을 이뤄야 한다고 생각하면서, 우주가 당신을 '위해' 소원을 이뤄주리라고 믿지는 않는 셈이다.

영주권의 기적

2011년 1월, 저는 인도 케랄라에 있는 고향에서 미국으로 가는 비행기를 타려고 공항에서 탑승 대기 중이었습니다. 그때 작은 서점에서 『시크릿』을 샀습니다. LA로 가는 비행기에서 읽은 그 책은 제 인생을 완전히 바꿔놓았습니다. 전 평생 부정적인 성향 때문에 애를 먹었는데, 『시크릿』의 가르침이 제 관점을 바꾸었고,

스스로 제 미래를 통제하는 데 도움을 줬습니다.

하지만 여전히 저는 여러 번 삶의 통제력을 잃었습니다. 새 직장과 예쁜 새집, 새로 사귄 좋은 사람들을 고맙게 여기지 못한 적이 많았고, 제가 갖지 못한 것에만 집중했습니다. 특히 미국에서 계속 살도록 해줄 영주권이 없다는 생각만 했습니다.

오래가지 못한 결혼생활이었지만, 저는 결혼할 때 발급받은 임시 영주권이 있었습니다. 정식 영주권을 받으려면 결혼생활이 진짜이고 여전히 유효하다는 사실을 증명해야 했습니다. 감정적 상처도 남아 있었지만, 결혼은 거짓이 아니었기에 그것을 증명할 수는 있었어요. 그러나 남편과 저는 결혼식 후 거의 1년간 떨어져 지냈고, 그때는 이혼을 마무리 짓는 과정이었습니다.

이민 전문 변호사를 고용해야 했는데 비용이 너무 비쌌습니다. 저는 이 절차에 돈이 얼마나 많이 들지 불평했고, 제가 결국 강제 추방될 것이라고 걱정만 했습니다. 결과적으로 끌어당김의 법칙이 작용해 제 문제가 계속되도록 했던 겁니다.

상황이 점점 나빠지고 있을 때, 저는 시크릿 사이트에 접속해서 제가 처한 절망적 상황을 바꿔보려고 그 책을 추천하는 글을 몇 개 읽었습니다. 개인적인 기적을 쓴 사람들의 이야기에 감동해 당장 통제력을 되찾기로 마음먹었습니다. 갖고 있던 임시 영주권을 컬러로 두 장 복사해서, 만기일을 2011년에서 2021년으로 바꿨습니다. 직장에서 잘 보이는 코르크 보드에 한 장을 핀으로 꽂아두고, 다른 한 장은 제 지갑에 넣었습니다.

그런 다음 저는 내 소원을 확실히 이뤄줄 어떤 일을 했습니다. 바로 그 모든 것을 다 잊는 거였지요! 저는 변호사가 일을 잘하고 있는지, 제가 증거 문서들을 충분히 제공했는지를 비롯해 영주권 취득 과정에 관해서는 1분 1초도 걱정하지 않았습니다. 부정적인 생각은 하나도 하지 않았지요. 저는 보통 때처럼 그 과정을 '도우려고'도 하지 않았습니다. 이민국에서 면접을 잘하는 모습도 상상하지 않았고요. 변호사가 제게 호의적인 주장을 설득력 있게 진술할지도 걱정하지 않았습니다. 그냥 흘러가는 대로 내버려뒀지요.

사람들이 제게 어떻게 돼가는지 물을 때마다, 저는 어깨를 으쓱하면서 영주권 신청이 처리되는 중이라고만 말했습니다. 변호사 사무실로 쫓아가지도 않았고, 이민국에서 면접 일시를 통보하는 답신이 와야 할 날짜를 조바심 내며 기다리지도 않았습니다.

논리적으로는 비자 신청이 어떻게 처리되는지 알았기 때문에, 기껏해야 제게 호의적일 것 같은 이민국 직원과 짧은 면접을 수월하게 치르는 모습 등을 그려봤을 뿐입니다. 하지만 끌어당김의 법칙은 제가 상상하는 것보다 더 많은 것을 주었어요! 제 임시 영주권이 만료되기 두 달 전인 6월 1일에, 저는 우편으로 새 영주권을 받았습니다. 면접도, 이민국 직원도, 회의도, 후속 조치도 필요 없는 정식 영주권엔 만료일이 2022년으로 인쇄되어 있었답니다. 제가 영감을 받으려고 복사본에 쓴 날짜보다 1년이나 더 연장돼 있었어요!

이 경험에서 제가 배운 교훈이 있습니다. 가끔, 해답은 소원을 끊임없이 긍정적으로 생각하려고 노력하는 데 있지 않다는 것입니다. 해답은 구하고, 믿고, 그런 다음 내버려두는 능력에 있습니다. 우주가 내 소원을 받았다고 믿는 것, 내가 소원을 분명히 표현했다고 자신하는 것, 내 소원이 이루어질 것이라고 믿는 것이 제가 숙달한 세 가지 단계입니다. 저는 아직도 제 요구를 조금 조정하거나 더 긍정적인 느낌을 더해서, 소원이 더 잘 이루어지도록 돕고 싶은 충동과 싸우고 있습니다.

— 미국 캘리포니아 주 LA에서, 앰비카 *Ambika N.*

앰비카가 깨달은 것처럼, 당신이 기분 좋을 때는 기분이 좋지 않을 때보다 당신의 소망이 이루어질 것이라고 믿기가 훨씬 쉽다. 믿음이 긍정적인 감정이고, 기분 좋음과 같은 주파수대에 있기 때문이다. 그러므로 우울하다고 느낄 때는 믿으려고 노력하지 마라. 자신을 기분 좋게 해라. 그런 다음 믿는 데 도움이 되도록 원하는 소망을 시각화하는 연습을 해라.

자기 삶을 불평한다면, 당신은 불평하는 주파수에 머무르게 되므로, 당신이 원하는 소망을 끌어들일 위치에 있을 수 없다.

신의 생각과 말을 기분 좋은 주파수대로 맞춰라. 그러면 먼저 기분이 좋아질 것이다. 그다음엔 더 좋은 것을 받는 주파수에 올라 있을 것이다.

『시크릿 데일리 티칭』 중에서

한 번 요구하고 내버려두세요

제 남편과 저는 새집을 구매하면서, 살던 집은 팔릴 때까지 비워두기로 했습니다. 부동산 시장 붕괴를 고려해보면 대단한 모험이었지만, 저희는 낙관적으로 생각하고 있었지요. 그러나 일곱 달 동안 스무 번 이상 집을 공개했지만 구매 제안이 전혀 없자 저는 매우 낙심했고, 두 집의 담보 대출을 짊어져야 해서 매우 스트레스를 받았어요.

저는 『오프라 윈프리 쇼』를 보다가 『시크릿』을 처음 알게 됐어요. 프로그램이 끝나자마자 저는 남편에게 컴퓨터로 함께 그 영화를 보자고 졸랐죠. 그날은 금요일이었어요. 일요일이 되었을 때 저는 빈집에 건너가서 차고를 청소하고 있었는데, 그때 『시크릿』을 보고 배운 것을 사용해봐야겠다고 생각했어요. 그러고는 집이 팔리기를 한 번 바랐고, '매매 협상 중'이라는 팻말이 걸린 장면을 시각화하면서 고마움을 느꼈고, 그러고는 내버려뒀어요.

제가 차고 문을 닫고 차로 돌아가려 할 때에는 어떤 신사가 우리 집 잔디에 있던 '주택 매매' 팻말에 놓인 전단을 집어 가는 모습을 봤어요. 다음 날 부동산 업자에게서 전화가 걸려왔고, 매수 제안이 3건 들어왔다는 소식을 들었지요. 저희는 그로부터 45일 후에 최종 계약서에 서명했답니다.

－ 미국 캘리포니아 주 브렌트우드에서, 트리시아 *Tricia*

구하고 믿어라, 그러면 받을 것이다

평생 간직한 여행의 꿈

기억이 남아 있는 어린 시절부터 저는 줄곧 여행을 다니고 싶었어요. 세계를 돌아다니면서 지구가 제공하는 모든 것을 경험하는 일보다 더 큰 축복은 없다고 생각했거든요. 고등학생이었을 때는 언젠가는 꼭 세계 여행을 하겠다고 장담하면서 그 꿈을 일기에 적었던 기억이 나요. 이제야 돌아보니 그때 이미 제가 시크릿을 사용하고 있었다는 걸 깨달았지만, 그때는 뭔지 몰랐어요. 제 첫 번째 목표는 대학 졸업이었죠.

미국에서 경기침체기를 겪다 보면 영혼이 으스러지듯 힘들 때가 있어요. 가끔은 크게 좌절도 하고요. 저는 경제 대공황 이후 최대 경제 위기라는 그 시기에 대학을 졸업할 수 있을 거라고는 짐작도 못 했어요! 제겐 돈이 없었고, 학자금 대출도

있었으며, 작은 대학가 마을엔 제 인생을 구제해줄 직장도 없었으니까요. 아무
도 저를 고용하려 하지 않았고, 제 수업 시간표가 근무 시간과 맞지도 않았습니
다. 저는 정말 낙담하기 시작했어요.

저는 『시크릿』을 읽고 몇 가지를 적용해본 적도 있었지만, '진심으로' 그것을 믿
지는 않았어요. 그래서 그 책을 다시 읽기로 마음을 먹었죠. 그러고 다시 읽으
니, 이번엔 정말로 가슴에 와 닿더군요.

제겐 졸업 전에 여행을 갈 수 있는 시간이 석 달 반 정도 있었어요. 하지만 저를
둘러싼 세상은 "넌 절대 여행을 못 갈 거야!"라고 저에게 외치고 있었죠. 늘 저를
믿어주고 지지해주던 부모님조차도 제게 이렇게 말했어요. "여행 가겠다는 꿈일
랑 잊어버려라……. 아마 오랫동안 여행 갈 일은 없을 거야. 넌 돈도 없고, 우린
여행 비용을 대줄 수도 없다!"
그 말을 반박할 수 없을 때도 있었어요. 그래서 저는 "그래, 부모님 말씀이 옳아"
라고 말하기도 했고요. 하지만 머리를 흔들면서, 세계 여행에 관해 부모님께는
말하지 않기로 다짐했습니다. 부모님이 너무나 부정적이었거든요. 그러면서도
저는 매일 자신에게 이렇게 말했어요. "난 여행을 가고 말 거야. 언제, 어떻게
갈지는 모르지만, 반드시 가게 '될' 거야."

저는 가고 싶은 장소들이 담긴 사진들로 비전 보드를 만들었습니다. 매일 밤 일

기를 쓰면서 제 인생에서 고마운 모든 것을 목록으로 만들었어요. 사람들에 관해 내가 좋아하는 점, 나에 대해 내가 좋아하는 점 등을 적었어요. 세계를 볼 기회를 얻는 것이 얼마나 고마운 일일지, 제 영혼에 얼마나 큰 영향을 미칠지를요. 여러 주 동안 일기를 계속 썼더니, 정말로 제가 이미 그것을 받은 것처럼 느껴졌어요. 솔직히 온 마음을 다해 그것이 내게 일어나리라고 믿었습니다.

약 한 달 반 동안 머릿속에서 시각화를 연습하고 있던 그때, 오랜 친구에게서 이탈리아에 있는 일자리를 주겠다는 이메일이 왔어요. 이탈리아인 가족과 함께 지내는 문화 교류였어요! 그리고 그 가족이 제게 연락을 해서, 거기서 지내는 비용을 '모두 부담하겠다'고 제안했지요. 믿을 수가 없었어요. 기회가 말 그대로 내 무릎에 툭 '떨어진' 것 같았어요.

그 후에 생각했어요. '좋아, 일단 거기 도착하면, 돈을 벌 수 있을 거야. 이제 어떻게 갈지만 해결하면 돼!' 저는 '확실히' 거기에 갈 거라고 계속 자신에게 말했어요. 비행기 표를 살 돈만 있으면 됐으니까요.

몇 주 후 대학을 졸업했지요. 그런데 놀랍게도 사람들이 제게 졸업을 축하한다고 돈을 보내기 시작했어요. 돈을 모두 더해보니 정확히 비행기 표를 사는 데 필요한 액수였습니다.

비행기 표가 해결되자, 저는 이탈리아까지 가서 이탈리아만 보고 올 순 없다는 걸 깨달았어요. 유럽을 더 많이 보고 싶었죠. 그래서 마지막 한 달은 배낭여행을 하기로 했어요. 친구들과 가족은 걱정스럽다는 듯이 물었어요. "그렇게 많은 돈을 어떻게 모을 거야? 혼자 가? 누구랑 같이 갈 거야?" 하지만 저는 계속 고집했어요. "때가 되면 저절로 알게 될 거야. 같이 갈 사람이 있을 거고, 돈도 충분히 모을 거야. 난 그냥 알아!"

그래서 한 달 더 머무르는 일정으로 돌아오는 비행기 표를 예약했습니다. 그리고 '바로 그다음 날' 다른 주에 사는 친한 친구가 안부 전화를 했더군요. 오래 통화하지는 못했어요. 제가 유럽 여행을 갈 계획이라고 말하자마자 친구는 이렇게 말했습니다. "나랑 같이 가자. 지금 비행기 표 예약할게……. 로마에서 보자!"

제 여행은 '처음부터 끝까지' 시크릿을 이용해서 현실로 이루어졌습니다. 자기 생각만 바꾸면 놀라운 일이 일어난다는 걸 깨달으니 정말 황홀한 기분이 들었어요! 제 여행은 인생을 바꿀 만한 경험이었고, 저는 여행에 필요한 돈보다 더 많은 돈을 모았으며, 심지어 돌아올 때는 돈을 남겨 오기까지 했어요!

시크릿은 정말 사실입니다. 구하고, 믿고, 받으세요. 정말로 효과가 있어요.

고맙습니다, 고맙습니다, 고맙습니다! 신이 모두를 축복하기를.

－ 미국 워싱턴 주 시애틀에서. 애슐리 *Ashley S.*

일단 구하고, 받았다고 믿어라. 그러면 받기 위해 할 일은 기분 좋음을 느끼는 것뿐이다. 당신이 기분 좋을 때는 받는 주파수대에 있다. 당신이 당신에게 오는 모든 좋은 것의 주파수대에 있다면, 요구했던 것을 받을 것이다. 그 주파수대에 자신을 놓을 가장 빠른 방법은 "나는 지금 받고 있다. 나는 지금 내 인생의 좋은 것들을 모두 받고 있다. 나는 지금 _____을 받고 있다"라고 말하는 것이다. 그리고 마치 그것을 이미 받은 것처럼 느껴라.

바로 그것이 애슐리가 자신의 일기에 쓴 것이다. 이미 받은 것처럼 행동하자 그녀도 믿을 수 있었고, 받을 수 있었다!

작은 것을 요구하라

사람들은 대부분 작은 것은 빨리 실현할 수 있다. 작은 것에는 저항을 느끼지 않고, 그것에 반대되는 생각을 하지 않기 때문이다. 그러나 큰 것에 관해서는, 종종 그것과 반대되는 의심이나 걱정을 한다. 이것이 작은 것과 큰 것이 실현되는 데 걸리는 시간이 다른 유일한 이유다.

우주에는 큰 것도, 작은 것도 없다.

『시크릿 데일리 티칭』 중에서

1페니를 찾자 모든 것이 바뀌었어요

『시크릿』을 읽은 후, 저는 작은 것부터 시작하기로 했습니다. 책에 등장하는 깃털을 상상한 남자처럼 말이죠. 저는 1페니를 상상하기로 마음먹었어요. 머릿속에서 그 1페니에 특별한 상황도 정해두었습니다. 제 1페니는 발견했을 때 앞면이 위로 와 있고 새 동전처럼 매우 반짝일 것이라고요. 가장 중요한 건 1996년이라고 찍혀 있어야 했어요. 그해는 제게 매우 특별한 해라서, 동전에 그 연도가 찍혀 있는 것이 매우 중요했어요.

저는 이 동전을 4일 전에 상상했고, 지난 며칠 동안 여러 번 생각했습니다. 주차장과 인도에서 저도 모르게 땅바닥을 훑어보면서 동전을 찾기도 했어요. 그래서 저는 1페니가 나를 찾을 것이므로, 내가 동전을 찾을 필요가 없다고 자꾸 되새겨야 했지요.

오늘 제가 1페니 동전을 생각했는지는 잘 모르겠어요. 아무튼, 제가 동전을 상상한 이후로는 하나도 보지 못했지요. 오늘 밤에는 영화를 보러 갔어요. 그런데 극장을 나갈 때 무슨 이유에선지 땅을 훑어봤더니 반짝이는 1페니가 하나 있었습니다. 곧바로 그게 내 동전이라고 생각했지만, 만져보기 전에 앞면이 위로 와 있는지 확인했어요. 물론 당연히 그랬죠. 저는 동전을 집어 들었고, 1996년이라는 연도를 확인했습니다. 그 순간에는 울음이 터지고 말았어요!

제가 작은 소원부터 시작해서 매우 기뻐요. 진심으로 믿기 위해서는 그렇게 해야만 했으니까요. 이제 저는 무엇이든 할 수 있고, 무엇이든 가질 수 있다는 것을 알게 됐어요. 그리고 제가 아는 모든 사람에게 이 책을 사 주고 싶어요! 정말 고맙습니다, 진심으로 고맙습니다!

– 미국 코네티컷 주에서, 어맨다 *Amanda*

당신의 소망을 우주가 실현하는 데는 시간이 걸리지 않는다. 늦게 받는다고 느끼는 것은 당신이 이미 받았다고 믿고, 알고, 느끼는 경지에 도달하기까지 시간이 걸리기 때문이다. 당신에게 1달러를 갖다주는 일과 100만 달러를 갖다주는 일은 우주에겐 똑같이 쉽다.

1달러는 빨리 오고 100만 달러가 오는 데는 오래 걸린다고 느끼는 이유는, 당신이 100만 달러는 큰돈이고 1달러는 하찮다고 여기기 때문이다. 무엇인가가 정말로 크다고 생각할 때, 사실은 끌어당김의 법칙에 이렇게 말하는 것이다. "이것은 너무 커서 받기가 힘들 거고, 아마 시간이 정말 오래 걸릴 거야."

그렇게 생각한다면 당신이 옳을 것이다. 무엇이든 당신이 생각하고 느끼는 대로 받을 것이기 때문이다. 그러므로 작은 소원부터 시작하면 끌어당김의 법칙이 당신에게 작용한다는 사실을 체험하기 더 쉽다. 일단 그 법칙이 작용하는 것을 보고 나면 당신이 품었던 모든 의심이 사라질 것이다.

작은 것

저는 친구에게서 처음 시크릿을 들었습니다. 그녀는 제 인생에서 일어난 모든 일이 시크릿 때문이라고 계속 말했지요. 저는 속으로 생각했어요. '도대체 시크릿이 뭐야?' 그녀는 제게 설명해주지 않고 이렇게만 말했어요. "너한테 말해주면 그건 비밀이 아니잖아!" 그래서 저는 어깨를 으쓱하고 곧 잊어버렸습니다.

몇 달 후, 캐나다에서 사촌이 놀러 왔어요. 대화를 나누던 중에, 저희는 시크릿이라는 주제와 또 마주치게 됐죠. 사촌은 제게 시크릿이 어떻게 그의 인생을 바꿨고, 그것을 연습하면서 멋진 일들이 얼마나 많이 일어났는지 계속 이야기했어요. 그때 전 생각했죠. '좋아, 이렇게 떠들썩한 시크릿이 도대체 무슨 내용인지 나 한번 보자.' 결국, 저는 온라인으로 DVD를 주문해서 봤습니다. 저는 생각했어요. '음…… 흥미롭군. 이게 효과가 있는지 보려면 어떻게 해야 하지?' 저는 매우 간단하면서도 정말로 원하던 것부터 시작해봐야겠다고 생각했어요. 시크릿이 틀렸다는 것을 증명하려던 저 나름의 재미있고 소박한 방법이었죠.

조금 이상해 보일지도 모르지만, 당시에 전 하가우라는 작은 중국 만두가 정말 먹고 싶었습니다. 제가 사는 동네가 백인 동네라서, 정통 중국 레스토랑을 찾기가 어려웠거든요. 하지만 시크릿은 제가 원하는 것을 떠올려보라고 말했고, 저는 그렇게 했습니다. 하가우를 찾으려고 여기저기 검색도 했어요. 하지만 시크릿에 관해서나, 만두를 요구한 것에 관해선 입도 뻥긋하지 않았습니다. 그냥 일주일 정도 만두 생각을 계속했지만, 아무것도 실현되지 않았어요.

그러던 어느 날, 잠들기 전에 혼잣말했습니다. '어떻게 해서든 만두를 먹고 말 거야. 방법은 모르겠지만, 틀림없이 먹을 거야.' 다음 날 아침, 전날 밤에 한 말을 까맣게 잊고 출근을 했지요. 평소대로 일과를 시작하려는데, 동료가 건너와서 말했어요. "주방으로 가자. 다른 부서에서 전 직원이 먹을 아침 식사를 사 왔대."
그녀를 따라 주방으로 갔을 때, 제가 뭘 봤는지 짐작이 가세요? 하가우가 떡하니 있더라고요! 하하하! 누가 생각이나 했겠어요? 너무 생뚱맞은 일이었어요. 아침으로 만두를 먹는 사람은 아무도 없으니까요! 하지만 만두는 거기 있었어요.

제가 정말로 믿었더니, 진짜로 일어났어요! 저는 하가우를 사 온 여직원에게 아침으로 왜 만두를 샀는지 물었더니, 그녀가 이렇게 말하더군요. "우리 집 근처에 새벽 6시에 문을 연 식당이 거기밖에 없었어요!"

그 순간부터, 저는 '비밀'을 정말로 믿게 됐어요!

— 미국 캘리포니아에서, 라니 *Laarni R.*

사람들이 '정말로 효과가 있는지 보려고' 작은 것을 요구해서 시크릿의 힘을 '테스트'하는 일은 흔하다. 다음 이야기에 나오는 제이슨도 정말 작은 것부터 시작하기로 했다. 그래서 그는 실현됐는지 의심할 여지가 없도록 매우 희귀하고 특별한 물건을 골랐다.

믿지 않았어요, 그때까지는…

저는 「시크릿」이 발매되기 1년 전부터 끌어당김의 법칙을 연구하고 있었습니다. 그때까지 정말로 효과가 있다고 느낀 적이 한 번도 없었지만, 전 그 영화를 보고 흥분했어요.

저는 그 영화를 봤을 때, 굉장한 영감을 받았어요. 일주일에 여러 번 영화를 볼 정도로 정말로 감동했습니다!

어떤 구절에서 '커피 한 잔을 끌어당기기'부터 시작하라고 하더군요. 오디오북에는, 끌어당김의 법칙이 진짜란 것을 증명하려고 깃털을 끌어당긴 남자 이야기가 나옵니다.

저도 끌어당김의 법칙이 진짜라는 것을 자신에게 '증명'하기로 했죠. 저는 매우 특이한 것을 끌어당겨서 시험해보고 싶었습니다. 그래서 빨간 골무 한 개를 떠올렸습니다. 매일 제 목표를 적는 다이어리에 빨간 골무를 썼습니다. 그것을 머릿속에 그리기도 하고, 눈을 감고 떠올리기도 했으며, 손가락을 보면서 빨간 골무가 끼워져 있는 모습을 상상했습니다. 심지어 여기 쓰고 있는 편지와 매우 비슷한 이메일을 나에게 쓰기도 했어요. 만약 빨간 골무를 끌어들이게 된다면 사연으로 보낼 이야기도 미리 썼고요.

2주가 지났고, 아무 일도 일어나지 않았습니다. 영화에서는 하루 만에 커피 한 잔을 끌어당겼다고 말했고, 깃털을 끌어당긴 남자는 이틀 만에 해냈다고 했죠. 2주가 지났지만, 제겐 아무 일도 일어나지 않았어요!

그러던 어느 날, 제가 수강하고 있는 즉흥극 시간에, 우리는 어떤 단어로 시작해서 끝내야 하는 상황극을 하고 있었습니다. 제가 받은 단어가 '골무'였어요.

정말로 기분이 좋았어요. 마치 우주가 제게 이런 메시지를 보내는 것만 같았죠. "계속해봐. 골무가 너한테 가고 있어!"
전 계속했지만, 다음 달에도 아무 일도 일어나지 않았습니다.

저는 낙담했고, 몹시 실망한 나머지 곧 잊어버렸습니다. 끌어당김의 법칙이 효과가 없는 게 분명해 보였죠. 하지만 전 그렇게 생각하지 않았습니다. 법칙은 효과가 있지만 단지 제가 어떻게 사용하는지 몰랐을 뿐이라고 생각했어요. 두 달 반이 지나도록 골무 하나 끌어당기지 못했는데도요. 그땐 제가 지금 사용하고 있는 방식을 몰라서 그랬던 게 틀림없었어요.
그러다 라스베이거스에서 열리는 마술사 컨벤션에 갔습니다. 컨벤션이 끝날 때,

선생님은 저희에게 방명록에 서명한 다음 '보물 상자'에 손을 집어넣으라고 했어요. 그 안에는 선생님이 거리 마술 공연을 할 때 사용했던 작은 소품이 있었고, 그중 하나를 꺼내 가지라고 했죠.

다른 마술사가 방명록에 서명하고는 돌아왔어요. "이 돌멩이 좀 봐!" 그가 말했습니다. "이걸 내 고마움 돌멩이로 써야겠어!"

"아, 너도「시크릿」을 봤어?" 제가 물었습니다. 그는 그렇다고 대답했죠. 그러자 불현듯 이런 생각이 들더군요. '내 빨간 골무는 저 보물 상자 안에 있어.' 이건 또 다른 신호였습니다. 저는 다가가서 방명록에 사인하고 상자를 열었는데, 맨 위에 빨간 골무가 하나 있더군요. 믿을 수가 없었습니다! 저는 상자를 구석구석 뒤져봤어요. 상자 안에 다른 골무는 없었어요. 단 하나, 그것도 제가 골랐던 빨간색 골무뿐이었습니다.

지금은 제가 소원을 빌 때 자신에게 말했던 것처럼, 그 골무를 어디든지 갖고 다닙니다. 지금도 골무는 제 주머니에 있어요. 그걸 만질 때마다, 끌어당김의 법칙을 향한 제 믿음이 그 빨간 골무 안에 들어 있다고 되뇝니다. 행운이거나 우연일 리가 없어요. 제가 창조했으므로 제게 온 것이지요.

이 작은 골무가 제게 오기까지 왜 그렇게 오래 걸렸는지 모릅니다. 끌어당김의 법칙을 어떻게 사용하는지, 제가 완전히 이해했는지도 잘 모르겠습니다. 하지만 주머니에서 빨간 골무를 만질 때마다 저는 믿습니다. 예전에는 완전히 믿진 않았지만, 이제는 진심으로 믿습니다. 끌어당김의 법칙은 정말로 존재합니다!

– 미국 미시간 주에서, 제이슨 *Jason*

시크릿의 힘을 개인적으로 경험했고 그래서 끌어당김의 법칙을 정말로 믿는다면, 그 연습이 당신에게 효과를 보였던 것처럼 당신 삶의 모든 것이 더 나은 방향으로 바뀔 것이란 사실을 알게 될 것이다.

그것은 진정으로 당신의 삶을 바꿀 것이다

시크릿이 우리 가족의 인생을 바꿨어요

약 1년 6개월 전, 남편이 남아프리카공화국에 있는 동안 저는 5개월과 다섯 살 된 두 딸을 데리고 LA에서 몇 달간 지냈어요. 우리는 남아프리카공화국에서 살다가 경제적으로 더는 버틸 수가 없는 상황이 되었습니다. 그래서 남편은 거기에 남고 저는 당분간 돌봐줄 가족이 있는 LA로 딸들을 데리고 가는 것이 최선책이라고 결정했어요. 남편과 떨어져 있어야 하고, 딸들을 아빠에게서 떼어놓아야 하는 현실에 매우 가슴이 아팠지만, 전 우리 모두 잘 이겨내리라 믿었어요.

그때 「시크릿」이란 영화를 보고 자기 인생이 얼마나 변했는지 제게 알려준 사람이 세 명이나 됐지요. 그래서 저도 온라인으로 접속해 돈을 내고 영화를 봤어요.

영화를 보고 난 후, 전 실제로 시크릿을 실천하고 있다는 걸 깨달았습니다. 고마움을 느끼는 모든 것에 관해 제 일기에 쓰고 있었거든요. 저는 우리가 경제적으로 괜찮아지리라 믿었고, 남편을 다시 보게 될 것도 알았습니다.

남편과 제가 같은 마음가짐이 아니라서 일이 수월하게 풀리지 않았다는 사실도 깨달았습니다. 남편은 시크릿을 실천하지 않는 상태였고, 저는 실천하고 있었으니까요. 저는「시크릿」을 남편에게도 보냈어야 했다는 것을 알았습니다.

저는 결국 큰돈을 받았고, 남아공으로 다시 돌아갈 수 있었습니다. 저는 남편에게 그 영화를 건네면서 그것이 남편의 인생을 바꿀 거라고 말했습니다. 그 당시에 남편은 딸들도 없이 혼자서 근근이 먹고살았습니다. 우리 개들도 굶주렸지만, 남편은 일자리를 구하지 못해서 고지서에 적힌 공과금도 내지 못했지요. 제가 남아공으로 돌아갔을 땐 공과금을 모두 처리하고 먹거리도 충분히 살 돈이 있었습니다. 무엇보다 가족 모두의 인생을 바꾼 비결을 지니고 있었습니다.

남편도「시크릿」을 봤습니다. 여러 주 동안 밤마다 보다가 잠들었어요. 남편은 자기가 갖고 있지 않은 것이 아니라 삶에서 정말로 원하는 것에 집중했지요.

우리는 살고 싶은 집을 포함해서 정말로 원하는 삶을 종이에 적었습니다. 그래서 남아공에서의 생활을 정리했고 LA로 이사를 왔습니다. 그리고 꿈꿨던 삶을 살고 있습니다. 우리는 상상했던 집과 똑같은 집을 갖게 됐고, 딸은 LA에서 가장 좋은 사립학교에 다니고 있답니다. 남편은 지금까지 일을 쉰 적이 없어서 경제적인 안정도 얻었고요. 매일매일 기적이, 그것도 우리가 상상했던 것보다 더 큰 기적이 일어나는 것이 보입니다. 남아공에서의 좋았던 시절이 보이고 떨어져 지냈던 시간도 보이지만, 이제는 하얀빛으로 반짝이는 미래가 보이지요. 이 모든 일은 남편이 「시크릿」을 본 지 딱 1년 만에 일어난 일이랍니다!

「시크릿」은 우리 가족 모두의 인생을 바꿨고, 영원히 계속 바꿀 겁니다! 우리 가족은 이제 '구하고, 믿으면, 받으리라'만 실천하면 된다는 것을 알고 있습니다. 그 도구를 더 많이 쓰면 쓸수록 더 빨리 꿈이 실현됩니다. 정말 굉장하지 않나요! 그리고 이제, 저희 이야기를 공유해서 주위 많은 사람의 인생을 바꾸는 데 도움이 되고 있습니다. 감사합니다.

— 미국 캘리포니아 주 LA에서, 알렉스 *Alex*

당신이 어디에 있든, 상황이 얼마나 어려워 보이든, 당신은 위대함을 향해 계속 나아가고 있다. 항상.

『시크릿 데일리 티칭』 중에서

창조 과정으로 가는 비결

- 끌어당김의 법칙에 불가능한 일이란 없다. 무엇이든 가능하다.

- 계속 생각하고 있는 것이 있다면, 그것이 무엇이든 당신의 삶으로 끌어당겨질 것이다.

- 구하고, 믿고, 받아라. 이것이 당신이 원하는 것을 창조할 간단한 세 단계다.

- 창조 과정의 첫 번째 단계는 '구하라'이다. 구하기 위해서는 먼저 머릿속에 원하는 것을 분명히 해야 한다.

- 원하는 것은 매우 구체적이어도 좋다.

- 일단 요구했으면, 원하는 것이 이미 당신 것이라는 사실을 알아야 한다.

- 창조 과정의 두 번째 단계는 '믿어라'이다. 당신이 바라는 것을 이미

받은 것처럼 행동하고, 말하고, 생각해라.

☞ 믿으려면 당신이 원하는 것을 '지금' 가진 것처럼 생각하고, 말하고, 행동해라.

☞ 우주가 당신이 바라는 것을 어떻게 갖다줄 것인지는 당신이 걱정하거나 신경 쓸 일이 아니다.

☞ 당신이 믿을 때, 우주는 틀림없이 당신이 받을 모든 것을 당신에게로 가져다줄 것이다.

☞ 작은 것부터 요구해서 비밀의 힘을 시험해봐라.

☞ 창조 과정의 세 번째 단계는 '받아라'이다. 당신이 기분 좋을 때 받는 주파수대에 있을 것이고, 당신이 원하던 것들이 당신에게 올 것이다.

☞ 일단 요구하고, 받았다고 믿었으면, 받기 위해 다음으로 할 일은 기분 좋음을 느끼는 것뿐이다.

☞ 지금 생각을 바꿔라. 그러면 당신의 인생이 바뀔 것이다.

삶을 바꾸려면
일단 '이제 그만 괴로워하고
행복하게 살자'고 결심해야 한다.
우리가 그렇게 할 수 있는 한 가지 방법은
무엇이든 감사할 일을 찾는 것이다.

『시크릿 데일리 티칭』 중에서

나는 행복해지기 위해
어떻게 시크릿을 이용했나

행복은 기분 좋아지는 생각에 모든 관심을 기울이고, 불행해지는 생각을 무시하는 데서 온다.

당신의 삶은 당신에게 달려 있다. 당신이 지금 어디에 있고 삶에 어떤 일이 일어나든, 당신은 의식적으로 생각을 선택할 수 있다. 그리고 행복이 넘치는 삶으로 바꿀 수 있다. 절망적인 상황이란 없다. 행복해지는 생각에 관심을 기울일 때, 당신은 행복해질 뿐 아니라 인생의 모든 환경이 더 나은 쪽으로 바뀌기 시작할 것이다!

간단히 말해서, 지금 당신의 삶은 당신이 품어온 생각의 결과다. 당신이 생각과 느낌을 바꾸기 시작하면 인생도 전부 바뀔 것이다. 다음 이야기에 나오는 트레이시만큼 이런 진실을 잘 알고 있는 사람은 없다.

시크릿이 제 인생을 구했어요!

저도 많은 사람처럼, 부모님이 원치 않았던 아이였기 때문에 학대받으며 자랐습니다. 자살 시도와 식이장애를 비롯한 여러 자해 행동이 부모에게서 저를 지키는 안전망이 되었습니다. 쓸모없는 존재라는 느낌과 바닥까지 떨어진 자존감이 성인이 될 때까지 이어졌습니다.

제가 힘들 때 곁에 아무도 없었기 때문에, 저는 다른 사람들을 돌보고 간호하는 일에 헌신했습니다. 늘 멋진 동성 친구들이 있었지만 남자들과는 관계가 좋지 않았습니다. 전남편은 계속 바람을 피웠고, 남자 친구도 저를 배신했습니다. 아들을 사랑하지만 제가 좋은 엄마는 아니라는 생각이 들었고, 저보다 훨씬 좋은 엄마를 만나야 했을 아들에게 미안했습니다.

자살할까 심각하게 고민할 정도로 앞이 깜깜할 무렵이 있었습니다. 친한 친구가 제게 『시크릿』을 추천해줬습니다. 그 추천이 제 인생을 구했습니다. 전 그 책을 읽고 또 읽었습니다. 그리고 그때부터 지금까지 매일 새로운 삶의 일과라고 생각하며 한 챕터씩 읽고 있습니다.

제가 어떻게 살지 이해하고 배우는 데는 한참이 걸렸습니다. 처음에는 사고방식을 바꾸는 데 굉장한 노력을 들여야 했습니다. 하지만 지금은 예전의 삶과 전혀 다른 삶을 살고 있습니다. 매일 아침 미소를 띠면서 일어나고 감사 기도를 올립니다. 저는 '무척이나' 행복하고, 아무도 내 행복을 빼앗아갈 수 없다는 사실을 매일 알게 되어 즐겁습니다. 제가 행복할수록 더 많은 행복을 받으니까요.

저는 매일 비전 보드를 활용하고 일기도 씁니다. 그리고 좋은 사람들을 만나게 해주셔서 너무 감사하다고 말합니다. 그중에는 저를 아주 많이 사랑해주고, 또 그만큼 제가 사랑으로 보답할 수 있는 멋진 남자가 있답니다. 자신을 사랑하는 법도 배웠습니다. 제겐 정말 어려운 일이었습니다. 직장과 집에서, 제 삶은 이제 완전하고 만족스럽습니다. 삶의 모든 부분에서 넘치게 사랑받고 있습니다.

다른 사람들에게 인생이 얼마나 아름다워질 수 있는지 알려주려고 저도 『시크릿』을 여러 친구에게 나눠주고 있습니다.

― 카나리아 제도에서, 트레이시 *Tracy*

당신이 스스로를 기분 나쁘게 여기면, 우주가 당신에게 갖다주는 사랑과 행복을 전부 차단하는 것과 같은 상태가 된다. 트레이시는 지나온 삶을 곱씹으며 자신이 비참하다고 생각하는 것을 멈췄다. 그리고 긍정적이고 행복한 생각만 했다.

그녀는 행복해질수록 행복이 더 많이 찾아오고, 완벽한 연인까지 만나게 된다는 사실을 스스로 발견했다. 바로 이것이 당신의 삶을 행복이 가득한 삶으로 바꾸는 방법이다.

다음 이야기의 주인공 한나도 『시크릿』을 읽은 후 사고방식을 바꿨다. 그 결과 자신의 인생을 바꿨고 행복이 무엇인지도 새삼 느낄 수 있었다.

내 인생 최고의 해

제가 『시크릿』을 읽었을 땐, 판에 박힌 듯 살고 있었습니다. 삶이 어디를 향해 가고 있는지, 제가 무엇을 하고 싶은지도 몰랐죠. 여름방학에 아르바이트를 하다가 너무나 따분해서 『시크릿』을 읽었는데, 그 후로 상황이 변하기 시작했습니다. 저는 당장 끌어당김의 법칙을 사용하기 시작했죠. 그때 저는 완전히 빈털터리였습니다. 그런데 『시크릿』을 읽은 다음 날 밤 은행 계좌를 확인해보니 생각했던 금액보다 더 돈이 많이 있어서 깜짝 놀랐습니다. 그래서 더 구체적인 물건을 상상해 봤어요. 매끈한 은색 립스틱 케이스였는데, 며칠 후에 아주 우연히 발견했지 뭐예요.

『시크릿』을 읽고 몇 주 지난 후, 저는 출퇴근 시간을 융통성 있게 조절할 수 있고 월급도 꽤 후한 아르바이트를 구했습니다. 게다가 맨해튼에 있는 홍보 회사로부터 인턴 사원으로 일하겠느냐는 제안도 받았어요.

방학이 끝나고 대학 3학년이 시작될 무렵, 저는 승승장구하고 있었지요. 인턴으로 일한 덕분에 중요한 행사에도 참석하고, 영향력 있는 유명인들도 만날 수 있었어요. 아르바이트로 버는 돈이 쏠쏠해서 경제적으로도 안정됐지요. 일단 인턴 사원으로 일한 경험이 생기자 주요 패션 잡지사에서도 인턴 제안을 받았습니다. 거기선 멋들어진 옷을 무료로 받고, 패션 위크에 초대받기도 했어요.

1년 내내 좋은 일이 다른 좋은 일로 이어졌기 때문에, 저는 『시크릿』을 읽고 실천해서 이 모든 축복이 제게 왔다고 확신합니다. 제 한 해는 유명인들과 친절한 사람들, 신나는 기회, 후한 선물, 매혹적인 파티로 가득했어요. 가장 중요한 것은 긍정적인 생각이 떠나질 않았다는 거예요! 제가 비슷한 생각을 지닌 사람들을 끌어당겼나봐요.

저는 뉴욕에서 여름을 지내면서 혼자 힘으로 월세를 내기로 굳게 마음먹었지요. 지금은 인턴 사원으로 일했던 광고 회사에 취직해서, 혼자서 꿈꾸던 바로 그 일을 하고 있답니다! 멋지고, 운 좋고, 기분 좋은 일이 올해 제게 아주 많이 일어나서, 그것들을 모두 적어봤어요. 그 목록이 거의 100가지에 달하고, 좋은 일은 지금도 계속되고 있어요!

– 미국 뉴욕 주 뉴욕에서, 한나 *Hannah*

과거는 놓아버려라

당신이 인생을 계속 뒤돌아보면서 힘들었던 과거에 집중한다면, 당신에게
더 힘든 상황을 불러오게 된다. 과거를 되돌아볼 땐 어린 시절의 좋지 못한
기억들을 모두 놓아버려라. 그리고 좋았던 기억들만 간직해라. 청소년기와
성인이 된 이후의 좋지 못한 기억들을 모두 놓아버리고 좋았던 기억들만 간
직해라. 그러면 점점 더 행복해질 것이다. 긍정적인 생각을 더 많이 하면 할
수록 좋았던 기억을 더 많이 떠올리게 되고, 그래서 기분이 좋아지면 더 행
복해질 것이다.

비슷한 것끼리는 서로 끌어당긴다. 당신이 행복할 때, 당신은 행복한 사람
들과 상황과 사건들을 당신 삶으로 끌어당기게 된다. 이것이 당신의 삶을
바꿀 방법이다. 행복한 생각을 한 번에 하나씩 떠올려라!

*당신의 삶은 당신의 생각을 반영하고, 당신의 생각은 항상 당신의 통제하
에 있다.*

『시크릿 데일리 티칭』 중에서

새로운 시작!

제가『시크릿』을 발견했을 때, 제 삶은 시작됐어요.

『시크릿』을 읽기 전까지 저는 항상 불행하고 우울했어요. 자살 시도를 두 번이나 했지요. 늘 화가 나 있었고 잘 웃지도 않았어요. 저와 주위에 있는 사람 대부분을 미워했고, 우울한 음악을 들으면서 울기만 했어요. 슬픈 영화를 보면서도 울었고요. 고민을 말하고 또 말하며 울었습니다. 술을 마시고는 친구들에게 정말 못되게 굴기도 했어요. 저는 너무 우울했어요.

물론 과거에 일어난 일들이 안타깝게도 현재의 제 삶에 여전히 남아 있지만, 어쨌든 과거는 바꿀 수 없으니, 다 잊고 새 삶을 살 때라는 것을 알게 됐어요. 모두 『시크릿』덕분입니다.

『시크릿』을 이용하면서부터, 저를 둘러싸고 있는 모든 사랑을 하나씩 알아차리고 있어요. 전에는 그 사랑을 보지 못했다는 사실이 믿기지 않아요. 정말로 깜짝 놀랐어요. 그래서 저는 정말 행복합니다! 지금은 모두 제가 다른 사람이 됐다고 말해요. 제게서 빛이 난대요!

정말로 사랑스러운 친구들도 만났어요. 제가 친구들에게 사랑을 보이면, 모두 사랑으로 보답해줘요. 제가 늘 원했던 대로, 점점 더 많은 사랑을 받고 있어요!

제 다음 목표는 사랑하는 사람을 찾는 거였어요. 네 맞아요, 전 그 남자를 벌써 찾았답니다. 목록에 썼던 조건에 딱 맞는 사람이었단 건 말할 필요도 없겠죠?

기회가 있을 때마다 저는 『시크릿』을 사람들과 공유하고 있어요. 제가 느낀 것을 모두가 느꼈으면 싶어서 잘 모르는 사람들에게도 알려줍니다. 『시크릿』에 매우 고맙습니다. 『시크릿』이 아니었다면 제가 어디서 어떻게 됐을지 아무도 모르니까요.

고맙습니다. 그리고 감사합니다, 하느님.

— 스웨덴에서, 미키 *Micki*

창조는 '새로운' 것을 만든다는 뜻이다. 창조된 것은 자동으로 오래된 것을 대체한다. 당신은 무엇을 바꾸고 싶은지를 생각할 필요가 없다. 그 대신 무엇을 창조하고 싶은지 생각해라. 당신이 긍정적인 생각과 감정으로 삶을 채울 때, 죄책감과 분노와 같은 부정적인 감정들이 사라지는 것을 깨달을 것이다. 그러면 지금껏 들은 이야기 중 가장 위대한 이야기, 즉 당신의 행복하고 놀라운 인생에 관한 '진짜' 이야기를 하게 될 것이다.

행복으로 가는 정답은 그저 당신을 불행하게 만드는 일들을 그만두는 것이다! 당신을 포함해 모든 인간이 불행하다고 느끼는 가장 큰 이유는 부정적인 생각에 관심을 기울였기 때문이다. 부정적인 생각에서 빠져나가려면 긍정적이고 행복한 생각에 전념하면 된다.

친구에게 받은 작은 도움

친한 친구가 제게 『시크릿』을 소개해줬을 때는 2008년 4월 중순이었어요. 친구의 오빠가 그 책에 쓰인 대로 살고 있어서, 자기도 그러려고 노력한다더군요. 친구는 제가 도움이 필요하다는 걸 알았어요. 저는 스물아홉 살이었고, 고함량 항우울제를 4년째 복용하고 있었어요. 사회복지사들이 제 아이들을 관찰하던 때였고, 저는 길을 잃고 혼자 방황하는 기분이었지요.

전 『시크릿』을 사고, 읽자마자 그 책이 저를 끌어당겼어요. 한마디 한마디에 고개가 절로 끄덕여지면서 가슴에 새겨지는 것 같았어요. 매일 밤 조금씩 읽으면서 그 가르침을 진심으로 받아들였습니다.

제가 시크릿 법칙대로 살기 시작하자 효과가 바로 나타났어요. 그전보다 훨씬 강하고, 밝고, 더 '진정한' 내가 된 듯한 기분이 들었어요. 저는 우울증 약 복용을 중단했고 더 강해졌어요. 혹시라도 통제력을 잃을 때를 대비해 약을 가까이에 두기는 했지만, 그때 이후로 한 번도 먹지 않았어요! 저는 더 나은 사람, 더 진정한 사람이 되었습니다. 그 후로 감사하는 마음과 강해진 느낌, 그리고 믿음을 사람들과 나누고 있어요!

지난주를 끝으로 사회복지사의 도움을 받을 필요가 없어졌습니다. 그들이 말했어요. "멜, 당신에게 일어난 변화를 믿을 수가 없어요. 다른 사람이 된 것 같아요." 저는 미소만 지으며 말했죠. "맞아요. 마침내 진짜 내가 됐어요!"

저는 지금 두 아이를 키우는 서른다섯 살 싱글맘이지만, 강해진 기분으로 삶을 즐기며 고마움을 나누고 있어요. 저는 감사 일기를 침대 옆에 두고 자주 씁니다. 『시크릿』책도 여러 친구에게 빌려주고 있어요. 친구들에게는 『시크릿』을 자주 상기시키며, 사소한 것을 찾아 고마움을 느끼고 거기서부터 고마움이 커지는 것을 경험해보라고 말합니다.

아직도 가끔은 정신을 차리고 올바른 길로 다시 들어서야 할 때가 있습니다. 하지만 그런 사실을 잘 알고 있어서 빨리 행복한 기분으로 돌아갈 수 있어요! 저의 시크릿 기어(Secret Shifter)가 효과를 발휘해서 고마움을 굉장히 크게 느낀답니다. 아주 작은 일에도 너무 고마워서 저도 모르게 눈물이 난다니까요!

시크릿은 작동합니다! 정말 놀라워요!

– 영국 에식스에서, 멜리카 *Melica P.*

멜리카가 말한 시크릿 기어란, 당신이 분노와 좌절 같은 부정적인 감정을 느낄 때마다 즉시 떠올려서 부정적인 감정을 바꿔주는 것을 말한다. 시크릿 기어는 아름다운 추억이나 앞으로 다가올 행사, 재미있는 순간이나 자연 풍경, 사랑하는 사람이나 좋아하는 음악일 수 있다. 당신의 시크릿 기어는 당신에게만 적용되는 독특한 생각이므로, 언제든 사용할 수 있게 시크릿 기어 목록을 만드는 것이 좋다. 상황마다 기분 좋게 해주는 것이 다르고, 혹시 하나가 효과가 없더라도 다른 것은 효과를 보일지 모르기 때문이다.

멜리카처럼 당신도 자신을 올바른 길에 올려놓아야 할 때마다 시크릿 기어를 사용하면 된다. 그러면 기분이 좋아질 것이고, 기분이 좋을 때 당신은 '좋은' 것들을 강하게 끌어들이고 있을 것이다!

보고, 느끼고, 받아라

당신이 원하는 것을 상상하고, 정말로 *그것을* 가진 모습을 시각화하라. 그다음, 내면에 차오르는 행복을 느껴라. 그러면 끌어당김의 법칙이 당신이 원하는 것을 받을 완벽한 방법을 찾아낼 것이다.

새집, 새 아기

시크릿의 가르침을 연습한 후부터 저는 많은 것을 실현했습니다. 몇 가지를 말하자면 남편, 경제적 안정, 건강, 새 차 등이 있지요.

저는 결혼한 후 남편과 함께 여섯 살 된 딸을 데리고 남편의 고향으로 이사 왔습니다. 제가 공부하는 동안 남편이 생계를 책임졌죠.

최근에 우리는 결혼생활의 다음 단계로 올라서서, 둘째도 낳고 우리의 첫 번째 집도 사기로 계획했습니다. 기한을 염두에 두고 있었지만, 그 시기가 다 될 때까지 여전히 집도 없고 임신 테스트도 음성이었어요.

남편도 끌어당김의 법칙을 굳게 믿고 있었습니다. 우리는 '구하라, 믿어라, 받아라!'를 적절하게 사용하지 못했다는 사실을 깨달았어요.

우리가 살고 싶은 동네는 주택 수요가 많은 지역이었지만, 우리는 그곳에 사는 모습과 원하는 집의 구체적인 스타일, 우리가 지급할 수 있는 최종 가격을 꾸준히 시각화했어요. 제가 임신하는 모습과 둘째 아기도 시각화했지요. 심지어 아기가 태어나면 필요한 등록 서류들을 모두 온라인으로 작성해놓기도 했고요!

우리는 앞으로 우리가 살 동네를 매일 돌아다녔어요. 그 동네에 간절히 살고 싶어서 결국 두 집에 매수 제안을 했지만, 집값을 더 높게 부르는 사람들에게 다 뺏겼지요.

그러던 어느 날 밤, 여느 때처럼 그 동네를 한 바퀴 돌고 있을 때 그 집을 발견했어요. 장소가 딱 맘에 들었어요. 스타일도 우리가 원하던 그대로였죠. 하지만 가격이 너무 비쌌어요. 우리는 그 집이 우리 집이 될 것을 알았기 때문에, 어쨌든 매수 제안을 했어요. 우리가 제안한 가격은 거의 모욕적일 정도로 낮았지만요.

바로 다음 날 부동산 중개인에게 전화가 왔어요. 집주인이 우리 제안을 받아들였다고요! 소식을 듣고 우리는 너무 좋아서 둥둥 떠다니는 기분이었어요. 그날 아침에 임신 테스트를 했는데 결과가 양성이었거든요!

임신하기 전에 제가 미리 기록해둔 아기의 출생 신고서엔 성별이 아들이었지요. 저는 이름과 성별, 눈 색깔을 적어둔 종이를 베개 밑에 넣고 자기까지 했었답니다. 그런데 그거 아세요? 제가 예상한 대로 아기는 아들이었고, 눈은 초록색이랍니다.

생각의 힘이 얼마나 강할 수 있는지 정말 놀랍지 않나요?

— 미국 뉴욕 주 버펄로에서, 헤더 *Heather M.*

기분 나쁜 일을 생각할 때, 그것을 곱씹을수록 더 기분이 나빠지는 것을 느낀 적 있는가? 그것은 당신이 한 가지 생각을 계속하면, 끌어당김의 법칙이 즉시 '비슷한' 생각을 당신에게 갖다주기 때문이다. 하지만 다행스럽게도 반대 경우에도 마찬가지다.

당신이 기분 좋아지는 생각에 관심을 기울이면, 더 행복한 생각을 끌어당길 것이다. 사실, 행복은 당신이 삶에서 원하는 것을 얻는 지름길이다. 그냥 행복함을 느끼고 지금 행복해져라! 행복과 기쁨의 감정들을 우주로 방출하는 데 초점을 맞춰라. 그러면 당신은 행복과 기쁨을 갖다주는 모든 것을 끌어당기게 될 것이고, 그 안에 당신이 원하는 것도 포함돼 있을 것이다. 당신이 행복한 감정을 발산할 때, 그 감정은 삶을 행복하게 만드는 환경이 되어 되돌아온다.

즉각적인 응답

제가 처음 「시크릿」을 봤을 때 너무 공감이 가서 이미 알고 있었던 것처럼 느껴졌지만, 한 번에 실천하지는 못했습니다. 하지만 저는 모든 것에 감사함을 느끼며 원하는 것을 머릿속에 그리고는 조심스럽게 지켜보면서 계속 놀라운 일들을 경험하고 있습니다.

아주 최근 일입니다. 보스턴에서 피닉스로 가는 밤 비행기를 탔습니다. 저는 남들보다 먼저 비행기에 탑승했어요. 더 넓은 앞자리에 앉으려고 추가 요금을 냈으니까요. 1년 전 같은 비행기를 탔을 땐 운이 좋게도 그 줄에 저밖에 없어서, 여행 내내 다리를 뻗고 잠을 푹 잘 수 있었지요. 이번에도 같은 호사를 누리고 싶어서 옆자리가 비어 있는 모습을 온종일 시각화했습니다. 짐을 머리 위 짐칸으로 올리면서 듣자니, 제 뒤에 앉은 나이 든 여자분이 승무원에게 앞자리에 앉아도 되느냐고 묻더군요. 승무원이 추가 비용을 내야 한다고 말하자, 그녀는 가벼운 폐소공포증이 있어서 앞자리에 앉아야 한다고 재빨리 되받아쳤지요. 제가 짐을 정리하고 자리를 잡는 동안, 승무원들이 여자분에게 자리를 옮겨드릴 순 있지만 추가 비용을 내야 한다고 친절하게 말했고, 그녀는 그럴 돈은 없다고 거칠게 대꾸했습니다.

나머지 승객들이 모두 탑승했지만, 제가 앉은 줄에 아무도 앉지 않자 저는 점점 희열을 느꼈어요. 시각화의 힘이 얼마나 대단한지 자신에게 되새겼죠. 드디어 승무원이 이륙할 준비가 됐다고 알리면서 객실 문을 닫기 전에 사용 중인 전기 제품을 모두 꺼달라고 요청했습니다. 저는 소원이 받아들여진 것을 알고 기분이 좋았지만, 계속 뒤에 앉은 나이 든 여자분이 생각났어요. 뒷자리에 갇힌 기분으로 앉아 있으면 얼마나 불편할까 싶었습니다. 그분이 힘들어할 걸 알면서도 바로 앞에서 넓은 공간을 마냥 즐길 수가 없었어요. 저는 일어나서 그녀와 얘기했던 승무원에게 다가갔지요. 추가 비용은 제가 낼 테니 폐소공포증이 있는 여자분을 앞줄로 옮겨드리고, 그분에겐 제가 돈을 냈다는 사실을 말하지 말라고 부탁했습니다. 승무원은 저를 보며 미소를 지었고, 그렇게 처리하겠다고 말했지요.

몇 분 후에, 나이 든 여자분이 앞줄로 안내되어 자리에 앉았습니다. 우리는 짧게 인사를 나눴는데 그분은 매우 행복해 보였고, 그 표정을 보니 혼자서 다리를 뻗고 편하게 잘 때 느꼈을 기쁨보다 더 큰 기쁨이 가슴에 차올랐습니다. 저녁이 그렇게 흘러가는 것 같았죠.

비행이 끝날 무렵, 승무원들이 돌아다니면서 승객들이 먹은 음식과 음료수 값을 신용 카드로 결제하고 있었습니다. 저도 누군가 오기를 기다렸지만, 저를 빠뜨린 것 같더군요. 마침내 저와 얘기를 나눴던 승무원이 제 옆 통로에 멈춰 몸을 기울였고, 저는 신용 카드를 내밀었어요. 승무원은 카드를 받지 않았습니다. 그녀는 매우 부드러운 말투로, 모든 승무원을 대신해서 제게 감사 인사를 전하고 싶다고 하더군요. 제 행동이 지금껏 비행하면서 겪었던 일 중 가장 멋진 선행이었고, 승무원들이 모두 감동했다고 말했어요. 그녀는 여자분 좌석의 추가 요금을 제게 청구하지 않을 것이고, 게다가 제가 먹은 음식과 음료수의 비용까지 승무원들이 내고 싶다며 말을 끝냈습니다.

저는 무척 영광스러웠고 사랑으로 가슴이 벅찼습니다. 입이 떨어지지 않았어요. 겨우 입을 벌려 속삭였습니다. "고맙습니다!"

그 일은 정말 멋지고 사랑스러운 경험이었어요. 그저 친절함을 베풀었다는 이유로 기쁨이 물결처럼 퍼지다니, 참으로 놀라웠습니다.

– 미국 애리조나 주 피닉스에서, 다이애나 *Diana R.*

행복한 생각을 하고 지금 행복해져라!

우리는 대부분 행복에 관해 잘못 생각하고 있다. 우리가 원하는 것을 모두 갖고, 삶이 계속 우리 뜻대로 흘러가면 행복해질 것이라 믿는다. 그런 믿음을 바탕으로 우리는 지금 당장 행복하지 않은 핑계를 있는 대로 들이댄다. "내가 취직을 한다면 행복할 텐데. 승진한다면, 직장을 그만두면, 시험에 합격하면, 대학에 들어가면, 대학을 졸업하면, 살을 빼면, 살이 찌면, 새집을 사면, 집을 팔면 행복할 텐데. 내가 빚이 없다면, 스트레스가 없다면, 이 사람과 헤어진다면, 새로운 사람을 만난다면, 가족이 생긴다면, 건강이 좋아진다면 행복할 텐데."

하지만 행복에 관한 위대한 계시는 당신의 행복을 가로막는 것은 바로 그 핑계들이라고 말한다. 당신의 삶에 무슨 일이 일어나더라도 매일 핑곗거리를 만들 수 있다. 당신을 '지금' 행복하지 않게 하는 것은 바로 그 핑계들이다. 당신을 행복하지 않게 하는 것은 삶의 환경이 아니라, 당신이 행복하지 않으려고 만들어내는 그 핑계들이다! 비슷한 것은 비슷한 것을 끌어당기듯, 행복은 행복을 끌어당긴다. 그러므로 그 핑계들을 하나도 남김없이 다 버려라. 그리고 지금 당장 행복해져라!

행복의 힘

저는 제가 알고 있는 가장 비참한 사람 중 한 명입니다. 당시엔 잘 몰랐지만, 비참함은 제 생활 방식이었습니다. 매우 비참하게 40년도 넘는 세월을 보내던 그때, 상황이 갑자기 확 바뀌었습니다. 가장 좋았던 점은, 그게 너무 간단했다는 겁니다.

제 삶에서 딱 한 가지만 바꾸었을 뿐인데, 저는 술에 절어 있고 극심한 우울증에 시달리던 무직 싱글맘에서 독립 출판사를 경영하는 여성이 되었습니다!

처음으로 자살을 시도했던 때를 기억합니다. 저는 상처투성이인 채 울면서 욕실로 달려갔어요. 약이 있는 캐비닛 문을 열고는 눈에 띄는 약이란 약은 모두 털어 넣고 삼켰습니다. 그냥 죽고 싶었어요. '자살'이 무슨 뜻인지도 몰랐어요. 그때 고작 아홉 살이었으니까요. 하지만 저는 그 약을 먹으면 죽을 수 있다는 걸 알고 있었고, 그냥 죽고만 싶었습니다.

첫 번째 자살 시도 이후 저는 여러 해 동안 숱하게 자살을 시도했습니다. 약물, 손목 긋기, 목매달기 등 방법도 다양했죠. 10대에는 머리에 총을 겨누기까지 했지만, 부모님이 집에 일찍 돌아와서 총을 침실 스탠드 서랍에 던져 넣고는 제 방으로 달려간 적도 있어요. 20대부터는 술에 의존했습니다. 취직과 실직을 반복했고, 남자들과도 만났다 헤어지기를 반복했어요. 경제적으로 부유했다가 무직이 되었고, 심지어 압류로 집을 잃기도 했지요. 심한 허리 통증부터 시작해 잦은

병치레로 병가를 내기 일쑤였고, 결국 유방암까지 얻었습니다. 하지만 그땐 그나마 좋은 시절이었습니다.

저는 2년 전에 마침내 꿈을 좇아 심리 소설 작가가 되기로 했고, 결국 해냈습니다. 제 모든 것을 책에 쏟아부었고, 책도 꽤 잘 팔렸어요. 그러던 어느 날 저는 컴퓨터 앞에 앉아 있었습니다. 여섯 번째 책을 뚝딱 써낼 준비가 돼 있었는데, 그러고 싶지 않더군요.

피곤했고, 지쳤으며, 비참했습니다. 작가가 되겠다는 꿈을 이루기 위해 열심히 노력했지만, 다시 기분이 바닥까지 가라앉았습니다. 믿을 수가 없었어요. '이제 시작이군'이라고 생각하면서 가장 깊은 우울증에 빠졌습니다. 거의 자거나 술을 마셨고, 감각이 무뎌지는 것 같았어요. 세상과 온 힘을 다해 소통했지만, 한편으로는 세상에서 너무 소외된 것처럼 느껴졌어요. 두 딸을 키우는 싱글맘이라 자살을 할 수는 없었어요. 그래서 사랑하는 사람들에게 그들이 듣고 싶어 하는 말을 하면서, 최선을 다해 몸부림치며 살았습니다. 왜 그런 상황까지 왔는지 정확한 이유를 몰랐으니까요.

저는 여러 해 동안 끌어당김의 법칙을 배우고 연구했지만, 무언가를 놓쳤습니다. 그리고 그게 무엇인지 알아내진 못했습니다. 몇 주가 지나서야 저는 아마 작가가 되는 것은 행복해지기 위해 내가 해야 했던 일이 아닐지도 모른다는 생각이 들었습니다. 그리고 '행복해지기 위해, 행복해지기 위해'로 목표의 범위를 좁혔지요. 저는 『시크릿』에서 수십 번 보고 읽고 들었던 론다 번의 말이 떠올랐어요. "당신은 기분이 좋아야 합니다."

그때, 저는 이해하기 시작했어요. '내가 정말로 원했던 것이 목표를 이루는 것 자체가 아니라, 그 과정에서 행복해지고 기분이 좋아지는 것이었다면 어떻게 됐을까? 그건 정말 어떤 의미가 있을까?'

저는 행복해지는 법을 배운 적이 없다는 사실을 깨달았어요. 물론, 행복한 순간이 있었지만 행복은 아니었죠. 저는 행복을 좇고 있었지만 그걸 깨닫지도 못했으니까요. 그래서 바로 그 순간, 제가 행복해지는 법을 배워야만 하고 그 방법을 저에게 가르칠 사람도 저뿐이란 결론을 내렸어요.

정말로 나를 행복하게 하는 열 가지 목록을 만들고, 매일 제 삶에 이것들을 적용하기로 했습니다. 그때 삶이 점점 제자리를 찾아, 저는 목록을 실천하진 못했습니다. 하지만 여전히 매일 아침 목록을 보면서 늘 마음속에만 있던 이것들을 실천해야겠다고 생각했습니다.

그리고 무슨 일이 생겼는지 아세요? 기분이 좋아지기 시작했어요. 제게 마침내 행복을 가르쳐준 것은 매일 아침을 반갑게 맞이하고, 개인적으로 행복해지는 목록을 미리 생각하는 일이었습니다. 일단 몸과 마음으로 행복해지는 법을 배우자 저는 더 행복한 일들을 이뤄내기 시작했고, 제가 행복했기 때문에 자연스럽게 행복한 일을 더 많이 실현할 수 있었습니다.

저는 옛날로 돌아가서 아홉 살인 나에게 "고통을 없애려고 그 약들을 다 먹을 필요 없어. 넌 그 끔찍한 감정들을 사라지게 할 수 있어. 행복해지는 목록을 만들기만 하면 괜찮아질 거야. 괜찮아지기만 하는 게 아니라 좋은 일이 생길 거야"라고 말해주고 싶습니다. 하지만 돌아갈 수는 없지요.

지금 제가 할 수 있는 일은 제 이야기를 남들과 나누고 사람들에게 이렇게 말하는 것뿐입니다. 비참한 삶을 40년 이상 살았던 제가 일단 행복해질 것이라고 미리 생각하니 모든 상황이 바뀌었고, 나머지는 끌어당김의 법칙이 해냈다고 말이지요. 제가 경험한 모든 일이 이 메시지를 세상 사람들과 나누기 위해 의도된 것이었다면, 정말 그럴 만한 가치가 있는 일이었습니다.

— 미국 캘리포니아 주 치코에서, 하이디 *Heidi T.*

지금 행복해져라. 지금 기분 좋다고 느껴라. 당신이 해야 할 일은 그것뿐이다. 이 책을 읽어서 당신이 얻는 교훈이 그것뿐이라 해도, 당신은 시크릿의 가장 위대한 진리를 이미 받은 것이다.

우리는 모두 원하는 것을 무엇이든 자유롭게 선택할 수 있다. 선택할 권한

이 지금 당신 손에 놓여 있고, 당신은 삶에서 그 힘을 어떻게 사용할지 결정할 유일한 사람이다. 자, 이제 선택할 수 있다.

오늘 더 행복한 삶을 살겠는가, 아니면 내일까지 미루겠는가?

어느 쪽이 더 기분 좋은가? 당신이 선택해라.

『시크릿 데일리 티칭』 중에서

행복으로 가는 비결

- 한 번에 한 가지 행복한 생각으로 당신의 삶을 바꿀 수 있다.

- 기분 좋아지는 생각에 모든 관심을 기울여라. 불행해지는 생각은 무시해라.

- 긍정적인 생각을 많이 하면 할수록 더 행복해질 것이다.

- 행복할 때, 당신은 행복한 사람들과 상황과 사건을 당신 삶으로 끌어당긴다.

- 당신을 행복하지 않게 하는 것은 삶의 환경이 아니라, 당신이 행복하지 않으려고 만들어내는 핑계들이다!

- 과거에 겪은 비참한 일들은 이제 그만 생각해라. 당신이 과거의 고통에 초점을 맞추면 더 힘든 상황을 불러온다.

- 부정적인 생각은 인간에게 불행을 가져오는 데 가장 큰 역할을 한다.

✐   자신을 긍정적인 생각과 기분으로 채워라. 긍정적인 생각이 존재하는 곳에 부정적인 생각이 존재할 수는 없기 때문이다.

✐   부정적인 생각을 바꾸려면 '시크릿 기어'를 사용해라.

✐   행복해지려면, 주위에서 일어나는 일에서 무엇이든 감사할 만한 조건을 찾아라.

✐   절망적인 상황이란 없다.

✐   오늘, 지금 행복해지는 연습을 해라. 앞으로 당신의 삶이 거기에 달려 있다.

✐   훌륭한 삶의 지름길은 바로 '지금' 기분 좋다고 느끼고 행복해지는 것이다!

돈은 행복을 가져다주진 않지만
행복은 돈을 가져다준다.

『시크릿 데일리 티칭』 중에서

나는 부유해지기 위해
어떻게 시크릿을 이용했나

더 많은 돈을 끌어당기려면, 풍족한 상태에 집중해라

돈이 필요하다는 것은 강력한 감정이다. 당신은 이 감정에도 끌어당김의 법칙을 사용해 '필요한' 돈을 계속 끌어당길 수 있다.

당신이 돈을 끌어당기려면 우선 생각을 바꿔야 한다. '돈이 부족해'에서 '돈이 넘칠 만큼 많아'로. 부족함보다는 풍족함을 더 많이 생각해라. 그러면 상황을 바꿀 수 있다.

돈이 쉽게 시시때때로 들어와요!

저는 식비와 생활비를 빼고도 등록금이 약 4만 달러나 되는 비싼 사립대학에 다니고 있어요. 하지만 우리 가족은 저소득층이라 부모님에게서는 아무런 도움을 받지 못해요. 그래서 저 스스로 모든 비용을 해결합니다. 학교에서 다음 해 학자금을 지원받는 학생 명단을 게시하는 날, 저는 아침에 일어나서 말했어요. "오늘은 멋진 날이 될 거야. 돈이 쉽게 시시때때로 들어올 테니까."

하지만 그 명단이 게시됐을 때, 제게 해당하는 장학금은 5,000달러밖에 되지 않았습니다. 저는 최저 임금을 받는 아르바이트를 하고 있어서, 다음 학기 등록에 필요한 나머지 3만 5,000달러를 채울 방법이 없었습니다.

전에 『시크릿』을 읽은 적이 있었어요. 저는 감사함을 느꼈고, 등록금을 낼 수 있게 해준 하느님과 우주에 고마워했습니다.
페이스북을 확인하자 많은 학생이 자신들의 학자금 지원에 관해 부정적인 말을 쏟아내고 있었어요. "학교야, 이제 안녕." "내 공부는 끝났어." "어처구니가 없고 짜증 나!" 저는 그냥 미소를 지으며 생각했죠. '적어도 나는 전액 장학금을 받을 거야!'

그날 오후 학자금 대출과에 가서 문의하니, 제 서류를 다시 검토해달라고 부탁하는 이메일을 보내면 된다더라고요. 그리고 답장을 받으려면 적어도 일주일은 걸릴 것이라고 했어요.

저는 그날 오후 내내 사람들에게 제 전공인 미술에 관련된 장학금과 무상지원금에 관해 물어보고 다녔습니다. 하지만 제 학교나 장학금의 액수에 관해 부정적인 말은 한마디도 하지 않았습니다.

그저 경제적인 조언을 구했고, 학비를 내도록 도와주신 하느님께 감사와 사랑을 느끼며 계속해서 기도를 올렸습니다. 저는 미소 띤 얼굴로 연신 이렇게 말했습니다. "돈은 쉽게 시시때때로 들어온다."

집에 돌아와서 학자금 대출과에 제출할 이메일을 쓰기 시작했습니다. 그러다 제 장학금이 정확히 5,000달러가 맞는지 다시 확인하고 싶었어요. 제 기억으로는 그보다 약간 더 많은 5,150달러나 5,200달러인 것 같았으니까요.

그런데 컴퓨터에서 장학금을 확인했을 때 무슨 일이 벌어졌는지 여러분은 절대 상상조차 못 할 거예요. 전날 '최종 장학금'이라고 명시되어 있었는데, 어찌 된 일인지 그게 바뀌어 있었어요. 정말로 저는 다음 해에 전액 장학금을 받게 돼 있었어요!

저는 학교에 한 푼도 내지 않아도 됐고, 심지어 아파트 월세를 낼 만큼 돈을 더 받았답니다.

전부터 시크릿을 사용해왔지만 과거에는, '왜 나는 좋은 성적을 받으려고 너무나 열심히 노력하는데도 항상 돈이 없을까' 하고 고민했어요. 이제 저는 무엇이든 할 수 있고, 제가 원하는 것은 무엇이든 가질 자격이 있는 훌륭한 사람이라고 생 각합니다. 저처럼 생각한다면 누구든 시크릿을 믿게 될 겁니다!

— 미국 캘리포니아 주 샌프란시스코에서, 첼시 *Chelsea*

풍족한 상태라고 믿으려면 소품을 사용해라

소품을 사용하면 당신이 요구하는 것을 받았다고 믿는 데 도움이 된다. 당 신은 1장에서 애니가 우주 은행에서 받은 수표를 사용했다는 사실을 기억 할 것이다. 이 수표는 시크릿 팀이 당신의 믿음에 도움을 주려고 만들어낸 소품 중 하나다.

당신은 www.thesecret.tv/check에서 무료로 우주 은행의 백지 수표를 내 려받을 수 있다. 우주 은행에는 당신이 찾을 수 있는 돈이 무제한으로 있으 므로, 이름과 원하는 액수를 얼마든지 수표에 채워 넣으면 된다.

그 수표를 눈에 잘 띄는 곳에 붙이고, 매일 보면서, 실제로 '지금 당장' 그 돈이 있다고 믿어라. 그 돈으로 원하는 것은 무엇이든 사는 모습을 상상해 라. 얼마나 기분이 좋을지 느껴라!

당신이 그것을 구하고, 믿을 때 당신 것이 된다는 사실을 알아야 한다.

끌어당김의 법칙은 당신이 믿는 척하는지 아니면 진짜로 믿는지를 구별하지 못한다는 것을 명심해라. 그러므로 당신이 원하는 것을 이미 가진 척할 때, 진짜로 가진 듯 느껴야 한다. 스스로 믿는 척하는 놀이가 진짜처럼 느껴질 때, 당신은 당신이 원하는 것을 현실로 가져오는 데 성공했다는 사실을 깨닫게 될 것이다.

『시크릿 데일리 티칭』 중에서

여러분만의 수표를 쓰세요

저는 영화를 처음 본 순간부터 시크릿 신봉자가 됐고, 최대한 많은 사람과 시크릿을 공유하려 노력하고 있습니다. 시크릿은 제 인생을 바꿨습니다. 약혼자와 헤어진 후, 저는 거의 파산을 선언할 위기에 놓여 있었습니다. 어쩔 수 없이 부모님 집에 들어가 살게 됐고, 저는 거기서 인생이 끝났다고 낙담했어요. 하지만 『시크릿』이 모든 상황을 바꿨습니다. 특히, 웹사이트에서 내려받아 인쇄할 수 있는 백지 수표가 제 인생을 바꿨죠.

저는 몇 년간 '뉴 문 풍족함 수표New Moon abundance check'(점성술과 풍족함의 원리를 결합한 사이트에서 발급한 백지 수표-옮긴이)를 써왔는데, 제가 얼마나 믿느냐에 따라 가끔 효과를 보긴 했어요.

그래서 『시크릿』을 본 다음, 우주 은행에서 나온 백지 수표를 발견하고 1부 인쇄해서 사용해보기로 했습니다. 제가 받으리라고는 거의 상상하기 힘든 5만 5,000 달러라는 액수를 써넣었어요. 왜 그 액수를 골랐는지는 모르겠지만, 그냥 생각이 났어요. 그리고 그것을 어린 시절 제 침실로 쓰던 방에 걸린 코르크 보드에 붙여뒀어요. 바로 그곳이 매일 밤 잠들기 전, 매일 아침 일어날 때 가장 잘 보이는 곳이었으니까요.

어떤 날은 돈이 제 삶으로 온 힘을 다해 들어오고 있는 것 같다가도, 어떤 날은 그럴 리 없다고 생각하며 자신을 비웃기도 했어요(그래서 저한테 오기까지 그렇게 오래 걸렸나봐요).

제 삶이 더는 나빠질 수 없겠다고 생각할 때였어요. 직장을 잃었고, 엄마는 중병에 걸렸고, 약혼자와의 관계는 나아질 기미가 없이 정말로 끝난 것 같았습니다. 그때 친척 중 한 분으로부터 5만 달러를 유산으로 상속받게 됐다는 편지를 받았어요.

솔직히 말해서 제가 노력했더라도 그 돈을 모으진 못했을 겁니다. 그 소식을 듣는 순간 심장이 부풀어 올라서 터져버리는 줄 알았어요. 유산 덕분에 저는 빚을 다 갚고, 투자도 하고, 학교에 다시 돌아가게 됐어요. 목록에 있는 다음 소망은 제 회사를 지을 수익형 부동산을 사는 것이랍니다.

　　　　　　　　　　　　　　　　　　－ 캐나다 온타리오 주 오타와에서, 풍족한 여사

부유해지려면 비전 보드를 만들어라

비전 보드는 당신이 원하는 것의 이미지를 마음속에 그리도록 돕는 도구다. 비전 보드를 볼 때, 당신은 바라는 것의 사진을 마음에 새긴다. 당신이 비전 보드에 집중할 때, 감각이 자극되고 내면에서 긍정적인 감정이 일어난다. 그러면 당신은 창조의 두 요소인 마음과 감정이 온 힘을 다해 작동하도록 만드는 것이다.

『시크릿 데일리 티칭』 중에서

다음 이야기에서, 나탈리는 자신이 삶으로 가져오고 싶은 것들에 집중하려고 비전 보드를 사용했다. 그녀의 비전 보드에 있는 것 중 하나가 우주 은행에서 받은 수표였다. 당신도 알게 되겠지만, 우주 은행은 그녀가 요구한 것을 정확히 갖다줬다. 당시에는 그녀도 그게 무엇인지 정확히 몰랐지만 말이다.

날짜를 확인하세요

저는 2009년 이라크에 파병돼 있을 때, 처음 『시크릿』에 관해 들었어요. 그리고 곧바로 웹사이트에서 전자책으로 구매해서 내려받았죠. 이틀 만에 책을 다 읽었습니다.

책을 다 읽자마자 제 마음속에 불이 하나 켜진 듯했어요. 저는 하느님에게 대답을 달라고 기도하고 있었습니다. 하느님은 순수한 사랑을 베푸는 분이라서 제가 풍족한 삶을 누리기를 원하신다고 믿었지만, 제겐 아무런 효과가 없는 것 같았으니까요. 제가 놓친 것이 있으리라 생각했고, 하느님이 그걸 제게 보여주시길 기도했습니다.

처음에는 작은 것들을 끌어당기는 데 성공했어요. 시간이 지나면서 큰 것들을 끌어당겨 실현했습니다. 예를 들면, 제대하고 민간인이 된 후에 보수가 후한 직장에 취직했어요. 임금 인상도 대폭으로 세 번이나 받았고 천생연분도 만났지요. 일단 바라는 것을 끌어당기는 데 편안해지자, 우주에게 현실적으로 제가 상상할 수 있는 가장 많은 돈을 요구하기로 했습니다. 저는 자리에 앉아 큰 소리로 물었습니다. "난 정말로 얼마를 갖고 싶은 거지?" 그러곤 잠깐 앉아 있었더니, 숫자 하나가 퍼뜩 떠올랐습니다. 그것이 제가 요구해야 하는 금액이란 걸 알았죠.

2010년 1월 1일에 저는 그해에 제가 끌어당기고 싶은 것들로 비전 보드를 만들었어요. 웹사이트에서 시크릿 수표를 내려받아서 채워 넣기도 했어요. 같은 해 12월 31일까지, 저는 큰 액수의 돈을 제외하고 비전 보드에 있던 것들을 모두 끌어당겼습니다.

저는 바로 그 수표를 다음 해의 비전 보드로 옮기고, 계속 머릿속에선 그 돈으로 무엇을 사고, 어떻게 돈을 쓸지, 또 주위 사람들을 어떻게 도울지를 생각했습니다. 같은 일이 다음 두 해 동안 계속됐어요. 그 돈을 제외하고는 보드에 있던 모든 것을 끌어당겼죠.

2012년이 끝나가고 다가오는 한 해를 또 맞고 있을 무렵, 저는 비전 보드를 살펴봤어요. 이번에도 저는 큰 액수의 돈을 빼고 모든 것을 이루었지요. 자신에게 말했어요. "내가 받을 준비가 되면 우주가 그 돈을 줄 거야."

반복해서 다짐을 말하고, 명상하고, 시크릿 사이트에 올라온 이야기들을 읽었습니다.

이제 올해가 끝나는 날, 저는 마침내 제 비전 보드에 붙은 것을 전부 떼어낼 수 있다고 말할 수 있어요. 엄청난 금액의 돈을 포함해서 비전 보드에 있던 것들을 처음으로 하나도 남김없이 끌어당겼으니까요.

전혀 예상치 못했던 일이라 처음엔 농담이라고 생각했지만, 농담이 아니었어요. 너무 기분이 좋아서 미리 2013년을 위한 새 비전 보드를 만들어야겠다고 결심하고 오래된 수표를 봤어요. 바로 그때야 저는 날짜가 2012년 12월 31일로 쓰여 있는 것을 알아차렸어요!

잘못 썼던 게 틀림없지만, 실수에도 우주는 응답해주었습니다. 저는 제 '실수'가 신의 뜻대로 계획되었다고 생각해요. 만약 제가 처음 그 돈을 원했을 때 받았더라면, 경제관념 없이 무책임하게 돈을 써서 결국 날려버리고 말았을 테니까요.

저는 비전 보드를 만들 때부터 돈 관리하는 법을 배워서, 큰돈을 받을 땐 훨씬 자격 있는 사람이 돼 있었습니다.

구하고, 믿고, 받으세요. 우주는 항상 듣고 있고, 주고 있습니다. 축복을 받으세요. 저도 제가 축복받았다는 걸 알고 있습니다.

– 미국 조지아 주 서배너에서, 나탈리 *Natalie J.*

받으려면 고마워해라

당신이 우주에 돈이나 다른 것을 요구할 때, 이미 그것을 갖고 있다고 믿어야 한다. 그 말은 지금 당장 갖고 있어서 고맙다고 생각해야 한다는 뜻이다. 다시 말해서, 받기 '전'에 미리 고마워해라.

당신이 처한 부정적인 상황에 감사의 힘을 쏟으면 부정적인 상황은 사라진다. 그리고 '새로운' 상황이 만들어진다. 당신이 아직 돈을 받지 못했더라도 돈을 받아서 고맙다고 느끼는 경지에 다다를 수 있다면, 돈이 부족하다는 느낌이 사라지고 더 많은 돈이 채워지는 새로운 상황이 펼쳐진다.

믿기지 않을 만큼 놀라운 일

2007년 12월에 저는 제가 대표로 있는 자선단체의 이사진들에게, 비영리사업에 필요한 빌딩을 하나 구매하자고 설득했습니다. 제가 찾은 빌딩은 수리할 데가 많았습니다. 우리는 새로 대출을 받아야 했고요. 모두 신경이 매우 예민해졌지만 믿음과 신뢰를 바탕으로 잘 헤쳐나갔습니다.

아내와 저는 크리스마스 연휴 동안 여행을 하다가 차 사고를 겪었습니다. 집에서 멀리 떨어진 곳에서 차가 손도 못 쓸 만큼 완전히 파손됐지요. 여행을 가기 몇 달 전부터『시크릿』을 읽으라고 성화였던 친구가 많았습니다. 사고가 난 후 우리는 변화가 필요하다는 계시를 받았다고 생각했습니다. 그래서『시크릿』오디오북을 사 집에 오는 길에 들었습니다. 저는『시크릿 다이어리』의 아이디어에 매료되었고, 아내와 책을 각각 한 권씩 샀습니다.

2008년 1월 1일. 첫 페이지에 제가 고마워하는 것들을 모두 적었습니다. 반대 페이지 '감사 계획하기'라고 쓰여 있는 제목 아래에는 이렇게 적었습니다. "2008년 3월 31일에 저희 새 빌딩을 위한 후원금 7만 5,000달러를 주셔서 정말 감사합니다." 이때가 1월 1일이라는 걸 생각해보세요. 저는 아직 받지 않은 기부금이 너무 고마워서 현재 시제로 표현하고 있었죠.

2008년 3월 15일, 저는 새 빌딩에 관한 우리의 계획을 알고 있는 어느 지역 재단과 접촉했습니다. 그 재단은 우리를 돕고 싶다고 했어요. 3월 25일에 이사들과

회의를 마련해 그 문제를 더 토론하게 해달라고 제게 부탁했습니다.

저는 우리가 그 재단에 어떤 도움도 바라지 않았다는 것과 오히려 그들이 우리 단체를 찾았다는 사실을 머릿속에 새기면서 3월 25일에 그들을 만났습니다. 그리고 그 자리에서 새 빌딩을 담보로 받은 대출금을 그 재단이 갚아주겠다는 서류를 받았습니다. 우리가 자선기금 모금 운동에만 전념할 수 있도록 해주겠다는 것이었어요.

더 깜짝 놀랄 일은, 그들이 후원금을 2회에 나누어 주겠다고 한 겁니다. 우리는 그 재단의 회계 연도 마지막 날인 3월 31일에 7만 5,000달러를 받고, 그다음 회계 연도의 첫날인 4월 1일에 잔금을 받기로 했답니다!

– 미국 콜로라도 주 푸에블로에서. 제인 *Jane G.*

가진 것에 고마움을 느끼지 못하면 우리는 어떤 것도 가져올 수 없다. 실제로 모든 것에 완전히, 전적으로 고마워하는 사람이 있다면 아무것도 요구할 필요가 없을 것이다. 요구하기 전에 이미 받았을 것이기 때문이다.

『시크릿 데일리 티칭』 중에서

'돈이 나무에서 자라지는 않는다'는 말이 있다. 하지만 당신이 진심으로 고마워할 때, 돈이 불쑥 당신에게 찾아올지도 모른다. 그것은 우주에서 온 선물이다.

하늘에서 떨어진 돈

제 남자 친구와 저는 시내 중심가에 있는 고층 아파트에서 살아요.『시크릿』을 읽고 저는 매일 아침 일어나면 발코니에 서서 우리가 가진 모든 것에 감사함을 표현하고 있어요.

어느 날 아침, 일어나보니 발코니에 1페니가 떨어져 있지 뭐예요. 그 돈을 그냥 내버려뒀어요. 몇 달 후엔 깨어보니 발코니 여기저기에 1달러 지폐가 흩어져 있더라고요. 세어보니 총 7달러였어요. 옆집을 둘러보니 다른 집에도 발코니에 1달러 지폐들이 놓여 있었고요.

한 달 후엔 사방이 아직 어둑한 새벽에 일어났는데, 발코니 바닥에 지폐처럼 보이는 종이 두 장이 눈에 띄더군요. 어두웠기 때문에 얼마짜리 지폐인지 한 번에 구별할 수는 없어서 그걸 주워 안으로 들어왔지요. 세상에나, 20달러짜리 지폐가 두 장이더라고요! 저는 너무 흥분됐어요.

다시 발코니로 나가서 다른 집에도 지폐가 떨어져 있는지 봤어요. 다른 집엔 없었지만, 발코니를 이리저리 둘러보다가 화분에 한 장, 다른 데 두 장, 20달러짜리 지폐를 모두 세 장이나 더 발견했지 뭐예요! 일어나보니 총 100달러가 떨어져 있어서 정말 어안이 벙벙했어요! 돈을 받은 사람은 저 말곤 없었고, 돈을 잃어버린 사람도 없었어요. 대단한 축복이었죠!

일주일 후, 저는 어떤 숫자가 계속 보이는 꿈을 꿨어요. 평소에 도박을 하거나 복권을 사지는 않았지만, 남자 친구에게 이 세 숫자로 뭔가를 해야 한다고 말했어요. 저한테서는 좀처럼 듣기 힘든 말이었죠! 제가 말한 숫자는 그날 바로 현실로 나타나진 않았지만, 남자 친구는 며칠 더 그 숫자로 도박을 했지요. 그리고 드디어 짐작하신 바대로, 그 조합이 실현됐어요. 제가 꿈에서 봤던 그대로였어요! 저는 무려 290달러나 받았답니다.

그 일이 있고 난 후, 저는 집단 소송으로 보상금을 받게 됐다는 공지 메일을 받았어요. 전혀 모르고 있었던 일이었기 때문에 아무것도 할 필요 없이 그냥 보상금이 입금되기를 기다리면 됐지요.

의심의 여지없이 시크릿은 효과가 있습니다. 감사는 삶에 꼭 필요합니다. 저는 더 많은 것이 곧, 매일, 제게 오리라 믿습니다.

여러분 모두에게 축복이 있기를!

– 미국 조지아 주에서, 팻 *Pat*

당신이 원하는 것은 무엇이든 가졌다고 상상해라

당신이 돈을 더 많이 끌어당기고 싶다면, 그 돈으로 사고 싶은 것의 목록을 만들어라. 원하는 물건들의 사진을 주위에 놓고 항상 그것들을 지금 갖고 있다고 느껴라. 당신이 사랑하는 사람들과 함께 그것을 공유하는 모습과 그들이 행복해하는 모습을 상상해라.

『시크릿 데일리 티칭』 중에서

돈이 당신이 원하는 것을 얻는 유일한 방법이라고 생각하면서 삶을 제한하지 마라. 돈을 유일한 목표로 삼지 말고, 당신이 되고 싶거나, 하고 싶거나, 갖고 싶은 것을 목표로 삼아라. 새집을 원한다면, 그 집에 사는 모습을 상상하고 그 기쁨을 느껴라. 당신이 예쁜 옷이나 가전제품, 차를 원한다면, 대학에 가고 싶거나 다른 나라로 이민 가고 싶다면 그냥 상상해라! 이 모든 것이 끝없이 많은 방법으로 당신에게 갈 수 있다.

어떻게 시크릿이 우리를 움직였는가

제 가족은 이전 집에서 14년 동안 살았습니다. 그 집에 살 때는 전혀 행복하지 않았어요. 집은 손볼 곳이 많았고, 고칠 돈도 없었지만, 대개 우리는 모두 그 동네에서 멀리 떠나고 싶었어요. 이웃들이 우리를 매우 비참하게 만들었으니까요.

상황이 좋지 않았고, 환경도 완전히 나빴어요. 그 집에 있으니 차라리 직장에 있는 편이 나을 정도였죠. 그 집은 우울증에 빠지게 만드는 블랙홀 같았어요. 거의 14년 내내 우리는 이렇게 말했죠. "우린 절대 이사를 못 할 거야." "아무도 이 집을 사고 싶어 하지 않을 거야." "우린 이사할 여유가 없어." 우리는 우주의 '분부 받들겠습니다'의 원리를 몰랐기 때문에, 그런 종류의 부정적인 생각으로 스스로를 억누르고 있었어요.

우리는 어떤 집이 처음 주택 거래 시장에 나왔을 때부터 눈독을 들였어요. 돈이 턱없이 부족했지만 어쨌든 사고 싶었고요. 제 남편은 우리 가족 중에 가장 단호했죠. 남편은 집을 가리키더니 이렇게 말했어요. "저 집은 우리 집이 될 거야."

삶이 좋은 쪽으로 급격히 변한 건 우리가 「시크릿」을 본 후였습니다. 네 식구 모두 시크릿의 힘을 함께 사용했어요. 우리는 예쁜 그 집에서 생활하는 모습을 적절히 시각화하는 도구를 활용했어요. 새 가구는 어디에 놓을지, 집은 어떻게 꾸밀지를 상상하고, 안에서 창밖을 내다보는 모습, 부엌에서 요리하는 모습을 상상하며 음식 냄새를 들이마시기도 했어요. 뒤쪽 테라스에 한가로이 앉아 있는 모습, 정원을 꾸미는 모습, 멀리서 다가오는 이웃에게 손을 흔드는 모습도 머릿속에 그렸죠. 그 기분을 느꼈어요. 우리는 이미 거기에 살고 있다고 믿었습니다.

그리고 5주 후, 우리는 정말로 그 집에서 살게 됐어요. 우리는 살던 집을 '있는 그대로' 시장에 내놓았고, 이틀 만에 우리가 바라던 금액에 거의 들어맞는 제안을 받았습니다. 우리가 사고 싶었던 집은 매물로 18개월이나 나와 있어서, 집값이 급격하게 내려가 있었거든요.

우린 재빨리 큰 문제없이 대출을 받았고, 집을 사고도 많은 돈을 남겨 새 가구를 들였답니다. 이제 저는 일이 끝나면 빨리 집에 가고 싶어져요. 심지어 점심 먹으러 집에 갈 때도 있어요. 매일 하느님께 감사하고 매 순간 내 집에서 사는 것을 즐깁니다. 우리 가족은 모두 너무 행복해요!

— 미국 펜실베이니아 주 플리머스에서, 지나

지나와 가족은 시각화할 때 매우 강력한 방법을 사용했다. 감각을 '전부' 사용한 것이다. 그들은 꿈에 그리는 집을 보기만 하지는 않았다. 집을 느꼈고 심지어 냄새도 맡았다! 시각화할 때 감각을 더 많이 사용할수록, 당신이 상상하고 있는 것을 더 많이 믿을 수 있고, 그러면 더 빨리 실현될 것이다.

이젠 부정적인 낸시가 아니에요

저는 현실적으로 상황을 보고 싶었지만 늘 '부정적인 낸시'였어요. 늘 상황을 양쪽 측면에서 봤는데 늘 부정적으로 기울었고요. '너무 좋아서 사실일 리 없어'라고 생각했죠.

아주 어릴 적부터 저는 이 나라 저 나라를 여행 다니는 모험 가득한 삶을 꿈꿨어요. 교과서에 고대 기념물, 사원, 명소 등이 나온 사진을 볼 때면 그 장소에서 제 눈으로 직접 보면 얼마나 멋질까 하고 생각했어요.

학교에 다니고 취직을 한 뒤 사무직으로 일했습니다. 그러는 동안 저는 녹초가 됐고 지쳤어요. 저는 이렇게 생각했어요. '이것이 삶이 내게 주는 전부인가? 좁은 칸막이에 온종일 앉아 전화나 받고 컴퓨터로 작업하는 것이?' 저는 짬이 나면 야외로 나가 벤치에 앉아서 세계를 여행하는 꿈을 꾸며 짧은 휴식을 즐겼습니다. 진심으로 어떻게든 꿈이 이뤄지리라 믿었고, 이국적인 장소에서 일하면서 꾸준히 세계를 돌아다니는 제 모습을 상상했어요. 그 당시엔 제 소원이 이뤄지리란 걸 거의 몰랐어요. 저는 『시크릿』을 읽으면서 조금씩 제가 배운 것을 연습하기 시작했어요.

결국 일을 그만뒀습니다. 몇 달 후엔 낙담했지요. 세계를 여행할 수 있는 일자리가 어디에도 없었으니까요. 그러던 어느 날이었어요. 저처럼 실업 상태로 지내는 친구가 제게 어떤 일자리에 관해 말했어요. 전 직장 동료가 제안한 것인데, 다양한 유람선을 타고 신상품 발표회를 하는 일이더라고요. 고급 보석류를 파는 일이었어요. 친구가 말을 끝내자마자 제가 말했어요. "딱 내가 꿈꾸던 일이야!"

한 달 후, 저는 세계를 항해하고 있었습니다. 큰돈을 내고 타야 하는 유람선 여행을 저는 무료로 하고 있었어요. 승객들과 섞여 객실에 머물면서 값비싼 보석을 몸에 두르고 있었죠. 그게 모두 일이었으니까요!

배가 항구에 머무는 동안에는 늘 한가했어요. 그래서 남아메리카, 중앙아메리카, 카리브해와 지중해를 여행했어요. 저는 마침내 오래전에 교과서에서 봤던 바로 그 명소들을 제 두 눈으로 직접 보게 됐어요. 이집트에 가서 피라미드를 보기도 했답니다!

제가 정말로 시크릿 신봉자가 된 건 이집트로 가는 유람선에서 겪은 일 때문이에요. 수수료로 특정한 금액의 돈을 받게 해달라고 우주에 요구했거든요. 저는 특이한 숫자이면서도 제가 기억할 수 있도록 요구하고 싶었어요.

마법의 숫자는 5,432달러였죠. 매일 밤낮으로 그 숫자를 생각했습니다. 그 금액이 적힌 수표를 건네받는 상상도 했습니다. 이집트로 가는 유람선에서 제가 받은 수수료는 5,400달러였어요. 저는 그때 이후로 시크릿을 100퍼센트 믿게 됐습니다.

－ 미국 플로리다 주 로더데일에서, 앤지

반드시 당신이 바라는 것과 당신의 행동을 일치시켜라

당신이 삶으로 어떤 것을 끌어당기고 싶을 때, 당신의 행동이 바라는 것과 모순되어서는 안 된다. 당신이 요구하는 것을 생각해보고, 자신의 행동이 받고자 하는 것을 잘 반영하고 있는지 확인해라. 당신이 바라는 것을 받아 놓아둘 공간을 마련하는 것도 기대감을 강력하게 내보내는 신호가 될 수 있다.

제가 어떻게 집을 팔았을까요?

남자 친구 집으로 들어가 같이 살기로 했을 때 제가 살던 아파트를 세놓았습니다. 세입자가 이사 나가고 집이 비어 있을 때, 저는 이제 그 집을 팔 때가 됐다고 생각했어요. 집을 샀을 때보다 집값이 꽤 올라 있었으니까요. 남자 친구와 저는 그 집을 팔고 남자 친구의 아파트를 공동 명의로 바꾸는 데 동의했습니다.

처음에는 금방 팔릴 줄 알았어요. 저는 그해가 시작될 무렵부터 시크릿을 실천하고 있었기 때문에, 간절히 원하면 이뤄질 거라고 생각했고요. 하지만 한 주 한 주 지나도 아파트는 팔리지 않았어요. 저는 영감을 받으려고 시크릿 웹사이트를 찾았습니다. 바로 그때 정신이 번쩍 들었어요.

제 행동이 제가 바라는 것을 반영하고 있지 않았다는 걸 깨달았지요. 아파트를 팔고 싶었지만, 실제로는 그 일이 이루어지도록 한 일이 하나도 없었어요! 세입자가 이사 나간 후론 아파트에 가보지도 않았어요. 이미 집을 짐으로 생각하기 시작했으니까요. 그리고 당연히 그런 생각 때문에 집은 계속 짐으로 남아 있게 된 거죠.

일단 이런 깨달음을 얻자, 저는 아파트를 둘러보면서 집이 잠재 고객들의 마음을 끌 수 있는지 확인해봤어요. 부동산 중개인들도 몇 명 더 만나서 집값이 적절하게 책정됐는지도 확인했고요.

제가 웹사이트에서 찾은 유용한 조언은 집의 사랑스러운 점을 모두 생각하고 고마워한 다음, 새 구매자가 거기서 행복하게 사는 모습을 상상하라는 구절이었어요. 그 구절을 읽은 후 저는 아파트에 앉아 방마다 행복한 기억을 떠올리며 고마워했습니다. 왜 제가 집을 팔아야 하는지 설명했으며, 새 주인이 거기서 살게 돼 매우 기뻐하는 모습을 머릿속에 선명하게 그렸습니다.

도움이 됐던 다른 방법은 손에 열쇠를 쥐고 있다가 새 주인에게 건네는 모습을 상상하는 것이었어요. 열쇠를 한쪽으로 치우고는 이렇게 말하는 겁니다. "거래 고맙습니다." 그리고 아파트 걱정을 놓아버렸어요. 이미 판 것처럼 느꼈습니다.

이렇게 연습을 시작한 지 몇 주 만에, 주택 시장이 불경기인데도 저는 경쟁 입찰을 받았어요. 예상 금액보다 더 높은 가격에 집을 팔았답니다. 구매 제안을 받자마자 이렇게 생각했어요. '구매자가 가구까지 사서, 가구를 옮기는 수고를 덜어주면 정말 좋겠다.' 이게 웬일인지, 정말로 구매자가 가구까지 샀답니다!

제 남자 친구는 이제 남편이 됐어요. 우리는 지금 사는 아파트를 팔고 새집으로 이사 가려고 해요. 곧 있으면 아기가 태어나거든요. 이 모든 일에 시크릿 법칙을 이용했어요. 행운을 끌어당기는 것을 도왔답니다!

– 영국 런던에서, 레베카 *Rebecca*

어느 밴드 멤버들도 콘서트에 아무도 오지 않을까봐 두려울 때, 자신들의 바람을 강화하는 방법을 사용했다. 다음 이야기를 보자.

빈 의자

저는 켈틱 밴드에서 활동하고 있습니다. 우리 밴드는 지금은 예전에 비해 인지도가 있지만, 이 사건이 있던 시절엔 유명하지 않았어요. 우리는 아주 작은 도시에서 무료 공연을 하고 있었죠.

같이 공연하고 싶었던 다른 팀과 합동 공연을 준비했는데, 아무도 오지 않을까봐 겁이 나더라고요. 전에도 그곳에서 공연을 했지만 기껏해야 4명밖에 오지 않았거든요. 게다가 그날 밤엔 같은 지역에서 큰 규모 행사도 여러 건 예정돼 있었습니다.

우리는 그 공연에 돈을 쏟아부은 상황이었어요. 수익금을 소방서를 위해 쓰겠다고 광고도 했기 때문에, 공연의 성패에 많은 것이 걸려 있었어요.

공연 일주일 전까지, 우리는 표를 겨우 6장 팔았습니다. 저는 계속 관객이 몇 명만 앉아 있는 장면이 떠올랐고, 그래서 당장 생각을 바꿔야 한다는 걸 알았습니다. 그래서 사람들이 올 거라고 믿는 능력을 달라고 기도했어요. 그러자 당장 시내로 직접 가서 포스터를 더 붙여야겠다는 생각이 들었어요. 다른 밴드 멤버들이 이미 곳곳에 포스터를 붙였는데도요. 그래서 비가 오는 날 아침, 차를 몰고 나갔습니다. 포스터를 더 붙였지만, 사람들이 올 거라는 긍정적인 생각으로 머릿속을 채우는 일이 더 중요했습니다.

공연하는 날, 우리는 여전히 표를 6장밖에 팔지 못했어요. 의자를 96개 놓았는데, 한 멤버가 빈 의자를 놓고 어떻게 공연을 하겠느냐고 허탈하게 웃었습니다. 저는 미소 지으며 말했죠. "아마 의자가 더 필요할 거야." 저는 진심으로 그렇게 믿었습니다.

공연 1시간 전에, 사람들이 모여들기 시작했어요. 96개 의자가 다 찼고, 서 있는 사람들도 있었습니다. 우린 멋지게 공연을 했고, 소방서에 기부할 돈도 모았답니다. 정말 마법 같은 일이었어요!

— 미국 캘리포니아 주 샌프란시스코에서, 캐시 *Kathy*

당신이 우주로부터 받기 위해 행동할 때는, 우주의 기운과 함께 흘러가는 듯한 느낌을 받을 것이다. 조금도 힘들지 않을 것이다. 그것은 영감을 받아 행동할 때, 우주와 삶의 흐름 안에 있을 때 받는 느낌일 것이다.

좋은 생각을 해라.

좋은 말을 해라.

좋은 행동을 해라.

이 세 단계가 상상보다 더 많은 것을 당신에게 갖다줄 것이다.

『시크릿 데일리 티칭』 중에서

부유해지는 비결

- 당신이 무엇인가가 부족하다는 생각에 집중하면 삶에 그것을 더 많이 끌어올 수 없다. 돈을 더 많이 끌어당기려면 풍족하다는 생각에 집중해라.

- 돈이 부족하다는 생각에서 돈이 넘칠 만큼 많다는 생각으로 바꿔라.

- 그 돈으로 살 물건들을 목록으로 만들어라.

- 당신이 원하는 것에 돈을 쓰는 상상을 해라. 자신에게 말해라. "나는 저걸 살 수 있어."

- 돈을 당신의 유일한 목표로 삼지 말고, 당신이 되고 싶거나, 하고 싶거나, 갖고 싶은 것을 목표로 삼아라.

- 비전 보드를 만들어라. 그것을 당신이 갖고 싶은 삶의 이미지들로 채워라.

✐ 당신이 풍족함을 믿는 데 도움이 필요하면, 우주 은행에서 발급한 수표를 내려받아라. (www.thesecret.tv/check)

✐ 당신의 행동이 당신이 받고자 하는 것을 잘 반영하고 있는지 확인해라.

✐ 우리가 이미 가진 것에 감사하지 않는다면 그 어떤 것도 가져올 수 없다.

✐ 감사가 곧 풍족함이다. 원하는 것을 받기 전에 미리 감사해라.

✐ 행복은 돈을 불러온다.

당신이 누군가와 사이가 좋지 않은 상황이라면
매일 몇 분간 마음속으로 그 사람을 향한 사랑을 느끼고,
그런 다음 그 마음을 우주로 내보내라.
이렇게만 해도 그 사람을 향한 분노와 화 같은
부정적인 생각이 사라질 것이다.

기억해라. 분노와 화 같은 부정적인 생각은
모두 당신에게 되돌아온다.
사랑하는 마음은 당신에게 사랑을 끌어당긴다.
당신이 다른 사람에게 느끼는 감정을
당신은 자신에게 끌어당기고 있다.

『시크릿 데일리 티칭』 중에서

나는 관계를 변화시키기 위해 어떻게 시크릿을 이용했나

사랑은 당신이 느끼는 가장 고귀하고 강력한 감정이다. 사랑을 느끼는 것만으로도 인간관계를 바꿀 수 있다. 사랑하는 감정을 만들어내는 당신의 능력에는 한계가 없다. 당신이 사랑할 때 당신은 우주와 완벽하고 완전한 조화를 이룬다.

당신이 사랑할 수 있는 모든 것을 사랑해라. 사랑할 수 있는 모든 사람을 사랑해라. 오직 당신이 사랑하는 것에만 초점을 맞추고, 사랑을 느껴라. 그러면 당신에게 오는 사랑과 즐거움이 몇 배가 되는 것을 경험할 것이다!

완벽한 연인 끌어당기기

당신이 완벽한 연인을 만나고 싶다면, 반드시 당신이 받고 싶은 것을 반영하는 행동을 해야 한다. 그것은 무슨 뜻일까? 당신이 그 사람을 만나면 할 행동을 '지금' 하라는 뜻이다.

세상의 모든 독신 여성에게!

스물일곱 살인 저는 3년 넘게 싱글맘이었습니다. 저는 몹시 외로웠고, 정말로 다정하고 사랑스러운 연인과 함께 있고 싶었어요. 하지만 망나니들만 몇 명 만난 후론 사랑을 포기했고 그냥 외로움을 견뎠습니다.

그러던 어느 날 저는 런던 중심가에서 어떤 거리를 찾다가 웨딩드레스 가게 앞에 멈춰 섰어요. 쇼윈도의 마네킹이 입은 드레스에 마음을 홀딱 뺏겨 더 자세히 보려고 가게 안으로 들어갔지요. 판매원의 성화에 못 이겨 옷을 입어봤는데, 저한테 딱 맞는 데다 너무 예뻐서 결국 드레스를 사고 말았죠.

가게를 나와 몇 발자국 떼자마자, 제가 청혼받을 거라고 기대할 이유가 전혀 없는데 웨딩드레스를 덜컥 사버렸다는 후회가 밀려왔어요. 남자 친구가 없는 상태로 1년이나 됐는데 말이에요. 정말 바보 같은 짓이었어요.

찾아가려고 했던 주소를 계속 찾던 중에, 제 또래쯤 돼 보이는 남자가 제게 길을 물었어요. 우연히도 같은 주소를 찾고 있더라고요. 그는 제 컴퓨터 배경화면에 있는 배우 마이클 엘리의 사진과 똑같이 생겼더라고요. 우리는 함께 그 주소를 찾아갔어요. 나머지는 다들 아시겠죠.

넉 달 후, 우리는 동거를 시작했어요. 지금은 부부가 되었답니다. 모든 일이 제 겐 꿈만 같아요. 우린 매일같이 웃고, 남편은 저를 사랑해주고, 저도 남편을 사랑해요. 제가 원했던 모든 것을 남편에게서 찾았어요. 제 기분이 어떤지 말로는 도저히 표현할 수가 없답니다.

모든 독신 여성에게 혼자일 때 웨딩드레스를 사라고 하는 건 아니에요. 여러분 모두에게 믿으라고 말하고 싶어요!

— 영국 런던에서, 지 *Zee*

웨딩드레스를 사면서 지는 마치 그녀가 결혼할 예정인 듯 행동했다. 비록 당시에는 상황이 '어떻게' 될지 전혀 몰랐는데도 말이다. 그녀의 행동은 그녀가 결혼할 '예정'이라고 말하고 있었고, 그 결과 우주가 그녀가 요구한 것, 즉 결혼할 사람을 데려다주었다! 당신은 완벽한 연인을 이미 받았다고 말하기 위해 어떤 행동을 취하겠는가?

당신의 옷장에 완벽한 연인의 옷을 넣을 공간을 마련해두는 것은 어떤가?

식탁에 2인분 식사를 차리는 것은 어떤가? 아니면 침대 한가운데에 눕지 말고 한쪽으로 누워 자면서 연인이 누울 공간을 만들거나 화장실에 칫솔을 2개 놓는 것은 어떤가? 우주에 당신이 이미 받을 준비가 됐음을 보여주는 행동은 끝없이 많다. 얼마든지 창의적으로 할 수 있다.

인생을 바꾸려면 당신의 생각을 바꿔라

인생의 모든 상황과 순간에 당신이 택할 수 있는 길은 두 갈래다. 두 갈래 길은 긍정적인 길과 부정적인 길이다. 어느 길로 갈지 선택할 사람은 바로 당신이다.

『시크릿 데일리 티칭』 중에서

당신은 삶에서 마주치는 부정적인 상황을 바꿀 수 있다. 그 방법은 이것이다. 당신이 그것을 생각하는 방법을 바꾸는 것. 다음 이야기에 등장하는 태미는, 요즘 같은 세상에 진정한 사랑이 존재하지 않을 것이라고 낙담했었다. 그러나 『시크릿』을 읽고 영화를 본 후에 그녀는 단호히 사고방식을 바꾸었다. 그리고 모든 일에서 긍정적인 면을 찾았다.

사랑을 절대 포기하지 마세요

제가 2006년에 『시크릿』을 소개받았을 당시, 제 결혼생활은 행복하지 않았어요. 진정한 사랑을 하고 싶다는 생각은 거의 포기했었죠. 저는 사랑에 빠졌다고 말하는 사람들이 모두 남들 앞에서는 연기하고 있으며, 그들의 삶도 사실은 나와 어느 정도 비슷할 것이라고 굳게 믿었습니다.

항상 그렇게 생각한 건 아니었어요. 저는 사랑이 넘치는 가정에서 자랐어요. 제 부모님은 결혼한 지 41년이 넘었지만, 누가 보건 말건 여전히 껴안고 키스를 해요. 친가와 외가 할머니, 할아버지도 모두 제가 본 커플 중 가장 헌신적인 부부였어요. 하지만 저는 그런 관계는 이제 존재하지 않는다고 확신했습니다. 그렇게 믿는 편이 제 결혼생활의 진실을 인정하기 쉬웠으니까요.

『시크릿』을 본 후, 저는 달려 나가서 책을 샀어요. 제 사고방식을 바꾸기 위해서 최선을 다하기로 굳게 다짐했죠. 작은 것부터 시작해서 매일 자신에게 만사에 긍정적인 면을 보자고 상기시켰어요. 저는 결혼생활이 내리막길을 걸으면서 그만두었던 글쓰기를 다시 시작했어요. 처음으로 저를 위해 연애 소설을 썼습니다. 제가 정말 원했던 진정한 사랑에 관해 쓸 수 있는지 알고 싶었거든요. 그리고 진정한 사랑이 아직도 세상에 존재한다고 자신에게 확신을 주려던 참이었어요.

그 후 남편과 별거했습니다. 제 평생 꿈이었던 교사 자격증을 따려고 학교로 돌아가면서 삶이 즐거운 일들로 매우 바빠졌답니다. 그래서 저도 그 책에 관해 거의 잊고 지냈어요.

그로부터 약 1년 후, 저는 멋진 남자를 만났고 사랑에 빠졌어요. 그는 미국에 살았고 저는 캐나다에 있었지만, 시간이 흐르면서 우리는 같이 살기로 했지요.

같이 살기 시작한 지 몇 달 후에 저는 그에게 제가 쓰고 있던 책에 관해 말했어요. 한동안 그 소설을 보지 못했기 때문에 등장인물의 이름은커녕 굵직한 줄거리도 거의 잊어버렸죠. 하지만 남자 친구가 다시 쓰라고 격려해줘서 소설을 꺼내 다시 읽기 시작했습니다. 저는 주인공(사실은 제 다른 자아였어요)의 연애 상대가 지금의 연인과 똑같은 걸 보고 심장이 멎는 줄 알았어요! 제가 글자 그대로 제 인생에 그를 써넣었다는 사실을 깨닫자 눈물이 앞을 가렸습니다.

하지만 이야기는 거기서 끝이 아니에요. 결혼생활을 정리하기 전, 저는 삶으로 끌어오고 싶은 경험들과 가고 싶은 장소들을 비전 보드로 만든 적이 있어요. 거기에 붙어 있던 소원 중 유일하게 물질적인 소원이 하나 있었습니다. 잡지에서 사파이어와 다이아몬드가 박힌 반지 사진을 오려 붙였거든요. 제가 연인에게 청혼받을 때 있었던 곳은 제 조부모님이 66년 전에 결혼했던 장소였고, 그가 제 손가락에 끼워준 반지는 비전 보드에 있던 바로 그 반지였어요.

지금 저는 캘리포니아에서 살아요. 곧 제가 만난 가장 멋진 남자랑 결혼할 거에요. 시크릿은 저를 계속 이끌어주는 힘이 되고 있고, 저는 믿기만 하면 삶이 주는 모든 것이 내 손이 닿는 곳에 있다는 걸 깨달았습니다.

– 미국 캘리포니아 주 풀러턴에서, 태미 *Tammy H.*

태미를 위한 비결은 연애 소설을 쓰는 일이었다. 소설을 쓰면서 그녀는 창조 과정의 첫 번째 두 단계, '구하라'와 '믿어라'를 완성했다. 나머지는 그녀가 소설로 썼던 진정한 사랑을 받을 완벽한 타이밍뿐이었다.

글이나 일기를 쓰는 것은 당신이 무엇을 원하든 창조 과정을 사용할 훌륭한 방법이다. 당신이 완벽한 연인을 삶에 끌어당기고 싶다면 그 사람이 정확히 어떤 사람인지, 그와의 관계가 어땠으면 좋겠는지를 글로 묘사하면 된다. 그 사람이 좋아하는 것, 싫어하는 것, 취향, 취미, 가족 배경과 당신이 중요하게 생각하는 다른 조건들을 포함해도 좋다. 당신은 완벽한 연인을 묘사하는 목록을 적어도 100개쯤은 만들 수 있어야 한다. 그런 다음엔 우주가 당신의 바람에 딱 맞는 사람을 어떻게 맺어주는지 가만히 앉아 지켜보기만 하면 된다.

천생연분이 하늘에서 뚝 떨어졌어요!

「시크릿」 영화를 두 번 보고 책으로도 읽었습니다. 그 후 저는 그 개념을 일상에 적용해서 제가 원하는 것을 써보며 감사하기 시작했어요. 저는 제대로 실천하고 있었어요. 하지만 제가 제대로 실천하지 못하고, 우주가 보여주지 않는 한 가지가 있었어요.

아테네에 살고 있을 때, 제 눈에 완벽한 남자를 만났답니다. 저는 그가 하늘이 맺어준 인연이라고 생각했어요. 우리는 넉 달간 사귀었습니다. 그런데 날이 갈수록 천천히 그가 제 시야에서 안 보이더군요. 처음에는 그에게 이유를 묻지 않았어요. 너무 밀어붙이고 싶지 않았으니까요. 남자 친구에게서 아무 소식도 듣지 못한 채 일주일이 지난 후에야 물었더니, 그가 대답했습니다. "걱정하지 마. 별일 아니야." 물론 저도 별별 나쁜 생각이 다 들었지만, 그에게선 아무 대답도 듣지 못했어요. 그러다 그가 완전히 사라져버렸습니다. 제 전화나 문자에 답도 없고, 아무 연락이 없었어요. 주위에서 그의 차를 보고서야 그가 괜찮다는 걸 알았습니다. 다른 사람들에게서 그를 여기저기서 봤다는 말을 들었어요. 그의 소식을 들을 수 있는 공통의 지인도 없어서 더 힘들었죠. 저는 미치도록 화가 났어요. 짐을 싸서 미국으로 다시 돌아갈 준비를 했어요.

저는 계속 『시크릿』을 읽으면서 이해하려고 노력했어요. 그리고 마침내 이해했죠. 저는 책이 하라고 말하는 모든 것을 하고 있었어요. 그게 제 실수였어요. 저는 '하고' 있었지만, '느끼고' 있진 않았어요. 저는 완벽주의 어린 소녀처럼 체크리스트에 있는 모든 일을 해냈죠. 그게 '잘못'이었어요. 여러분은 '느껴야' 해요. 자신이 무엇을 하고 있는지 느끼세요. 그것이 당신의 일부가 되어야만 해요. 제가 마침내 그 사실에 눈떴을 때, 기대치를 높였습니다. 제 인생에 들어오고 싶은 남자가 있다면, 그가 제 기준을 '넘어서야' 한다고 결심했어요. 그보다 못한 사람이나 못한 것에 만족하지 않으리라 마음먹었죠.

지역 학교에서 무용을 가르치고 있을 때였습니다. 제 동료와 저는 쉬는 시간에 밖으로 나와 계단에 앉아 자주 수다를 떨었어요. 가끔은 학생들도 함께했죠. 저는 학생들이 우리 대화에 끼어드는 것이 싫었어요. 학생 중 한 명이 다가와서 "저 레모네이드 사러 가는데, 같이 드실래요?"라고 말하자, 속으로는 이렇게 생각했지만 입 밖으로 꺼내진 못했어요. '아뇨, 그냥 당신이 가버렸으면 좋겠어요.'
그 학생은 돌아와서 제 옆에 앉더니 자기가 다녀온 여행 이야기를 늘어놓기 시작했어요. 대화에 참여하지는 않았지만, 그가 하는 말이 흥미로웠죠.

간단히 말하자면, 이틀 후인 금요일에 저는 아테네 건너편에 있는 한 디스코텍에 앉아 있다가, 거기서 우연히(신이 의도하셨겠지만) 그 남자를 만났답니다. 우린 함께 춤을 추고 이야기도 많이 나눴어요. 그가 제게 데이트 신청을 했고, 저는 좋다고 말했어요. 토요일이 우리의 첫 데이트였죠. 일요일에 우리는 2박 3일 캠핑 여행을 함께 떠났어요. 지금 우리는 6년째 같이 살아요. 결혼한 지는 3년 됐고, 두 살배기 딸도 있답니다. 그게 모두 시크릿 덕분이에요.

– 그리스 아테네에서, 에반젤리아 Evangelia K.

에반젤리아가 발견한 대로, 당신이 원하는 것을 위해 창조 과정을 잘 끝낸다면, 당신은 우주가 당신이 요구한 것을 전달하는 데 방해가 되지 않을 것이다.

당신은 삶을 천국으로 바꿀 수 있지만, 그렇게 할 유일한 방법은 당신의 내면을 천국으로 만드는 것뿐이다. 다른 방법은 없다. 당신이 원인이고, 당신 삶은 그 결과다.

『시크릿 데일리 티칭』 중에서

흔히 말하는 부정적인 관계가 아무리 오래 이어지더라도, 그리고 그 나쁜 관계가 어떻게 긍정적인 관계로 바뀔지 상상조차 할 수 없을지라도, 바뀔 수 있다! 당신은 삶에서 직면하는 어떤 부정적인 관계라도 모두 바꿀 수 있고, 그렇게 하는 유일한 방법은 당신이 그 사람을 보는 방법을 바꾸는 것이다. 다른 사람에 관해 긍정적인 면을 찾아서 감사해라. 그러면 관계가 바뀔 것이다. 당신, 오직 당신만이 그렇게 할 수 있다.

아버지와 화해하기

부모님이 이혼했을 때, 제가 아빠에게 품고 있던 마음은 다정한 신뢰감에서 쓰라린 분노로 급변했습니다. 아버지와 다시 연락할 수 있다는 희망은 없다고 믿으며 25년을 지냈죠. 그때 어머니가 제게 『시크릿』 DVD를 줬어요. 그 후로 제 인생은 영원히 바뀌었습니다.

처음 그 영화를 보면서 세 번 울었어요. 처음에는 제 삶의 모든 부분에 희망이 있다고 느꼈죠. 아버지와 매우 다정한 사이인 모습을 시각화하기 시작했어요. 그랬더니 갑자기 아버지가 놀러 오라고 저를 초대했습니다. 우린 부녀간의 유대감을 다시 발견하면서 좋은 시간을 보냈어요. 제가 결코 일어날 수 없다고 생각했던 기적이었죠. 이제 아버지와 저는 다시 친해졌고, 잘 지내고 있답니다.

시크릿이 얼마나 놀랍고 위대한지 말로 표현할 길이 없네요. 시크릿은 절망적인 상황을 엄청난 축복으로 바꿨어요. 전 세계 모든 사람이 시크릿이 우리 모두에게 준 희망을 발견했으면 좋겠습니다.

– 미국 아칸소 주 매그놀리아에서, 에이미

다음 이야기에 나오는 글렌다는 멀어졌던 어머니와의 관계를 회복하는 즐거움을 발견할 수 있었다. 어머니와 자신의 차이점보다는 어머니에 관해 그녀가 사랑하는 면과 고마워하는 점에 집중하기 시작했기 때문이다.

사랑하는 엄마를 위해

40여 년을 살아오면서 저는 엄마와 연결되어 있다는 느낌을 전혀 받지 못했습니다. 10대 때엔 심각한 말다툼을 자주 했고, 나이가 들면서는 가깝다고 느낀 적이

한 번도 없었어요. 여러 번 엄마와 연락을 끊고 지내기까지 했지요.

엄마가 늙어가고 시력을 잃기 시작하자 저는 정말로 우리의 불편한 관계를 고칠 필요가 있다고 느꼈어요.

『시크릿』을 읽은 후에 저는 감사함에 대해 글을 쓰고 있었습니다. 제가 엄마에게 고마워하는 모든 일을 쓰기 시작했어요. 어렸을 때 손수 만든 예쁜 드레스, 가족 모두를 위해 엄마가 길렀던 싱싱한 채소, 엄마가 항상 가꾸던 넓은 정원 등이 얼마나 멋진지를요. 이런 것들을 알아차리자, 엄마가 오랫동안 얼마나 열심히 우리를 보살폈는지 알게 되어 고마움이 거대한 밀물처럼 밀려들더군요.

그다음 저는 공책에 썼어요. "저는 엄마와 행복하고, 평온하고, 믿을 수 있는 관계가 되기를 원합니다." 그렇게 쓰고 나자 엄마를 떠올릴 때 새로운 평온함이 찾아들었어요. 저는 엄마와 1년 동안 말 한마디 섞지 않았는데, 찾아가 봐야겠다고 생각했지요.

엄마를 봤을 때, 우리 관계의 모든 것이 바뀌어 있었어요. 긴장감도 없고, 억누르는 마음도 없었어요. 엄마에게 살면서 겪었던 힘든 일을 조금 이야기했더니, 전엔 한 번도 안아주지 않았던 엄마가 저를 껴안으며 사랑과 격려의 말을 해주었어요. 그전까지 한 번도 이런 모성애를 느껴본 적이 없었어요. 그땐 정말 제 인생에서 특별한 순간이었습니다.

요즘에 저는 매주 엄마에게 전화를 해요. 제가 항상 꿈꿨던 대로 대화를 하고요. 말로 설명할 수 없는 사랑이 우리 사이에 있답니다.

— 뉴질랜드에서, 글렌다 *Glenda*

당신이 부정적이라고 생각하는 것보다 많이, 일부러 사랑하는 것을 찾아 감사하려고 노력하면 기적이 일어날 것이다. 그런 긍정적인 사랑과 감사의 마음가짐으로부터 기적은 나타날 것이다. 이것은 전 우주가 당신을 위해 무엇이든 하고, 당신에게 모든 즐거운 일을 갖다주며, 착한 사람은 누구든지 당신 앞으로 데려오는 것처럼 느껴진다. 그리고 실제로도 그렇다.

과거는 놓아버리고 당신의 삶을 살아라

때때로 부정적인 생각을 놓아버리긴 어렵다. 특히 다음 사례의 사브리나처럼 그것이 인간관계에 관한 생각이라면 더욱 그렇다.

용서로 치유하세요

저는 매 맞는 아이였습니다. 저와 제 남동생, 여동생에게 상처를 준 사람은 바로 엄마였습니다. 제가 맏이라서 삼 남매 중 누구라도 잘못하면 벌을 받는 사람은 저였습니다. 저는 열다섯 살까지 매일 신체적·정신적 폭력에 시달렸습니다.

열세 살 때, 그날도 여느 날처럼 엄마에게 맞고 있었어요. 엄마는 저를 제압하려고 무릎으로 제 등을 내리찍고선 저를 때리고 있었죠. 그 이후로 저는 수년간 허리 통증으로 고생했습니다.

그 사고가 있고 2년 후, 저는 아빠와 아빠의 여자 친구가 사는 집으로 이사 갔어요. 여동생과 저는 밖에서 말들과 놀다가, 우리에게 날아오는 말굽에 등을 맞았어요. 설상가상으로 일주일 후, 남동생이 제가 앉아 있던 의자를 뒤로 잡아당기는 바람에 또 뒤로 넘어졌지요. 제 꼬리뼈가 1.5센티미터쯤 휘어졌다고 하더군요.

몇 년 동안 계속 병원에 다녔어요. 왜 아직도 허리가 아픈지 이해할 수 없었어요. 마침내 의사가 허리 통증은 과거의 사고들과 관련 있을 수도 있지만, 제 가슴이 너무 커서 그 무게 때문에 통증이 더할 수도 있다고 했어요. 유방 축소 수술을 받고 싶진 않아서 저는 그냥 통증을 참으며 살기로 했지요.

『시크릿』을 읽고 나서 저는 엄마를 용서하고 제 인생을 살기로 다짐했습니다.

어느 날은 소파에 앉아서 명상하다가 제 앞에 있는 엄마를 봤고, 엄마에게 다가가 껴안아드렸어요. 두 팔로 엄마를 껴안고 서서 엄마를 사랑하고 이젠 용서하고 싶다고, 과거는 이제 과거로 두겠다고 말했어요. "엄마가 최선을 다했다는 걸 이젠 알고 있어요." 제가 엄마에게 말했어요. "당시에 엄마가 겪었던 일들을 모두 알고 있으니까요." 저는 계속 말했죠. "엄마를 사랑하고, 엄마를 용서할게요." 저는 울기 시작했고, 눈물이 뺨을 타고 흘러내리도록 내버려뒀습니다. 오랫동안 명상을 하며 앉아서 엄마를 용서했어요. 저는 말하고 있었어요. "엄마를 사랑해요. 제 안에 있는 어린 사브리나가 원 없이 울도록 내버려둘게요." 그것은 제게 일어난 일 중 가장 무서웠지만 가장 아름다운 일이었어요.

그 일을 겪고 나서, 저는 아빠와 새엄마에게 엄마를 용서했고 과거는 과거로 두겠다고 말했어요. 그날 밤 제 허리 통증은 사라졌습니다. 그 통증은 다시는 돌아오지 않았어요. 그동안 통증을 사라지게 하려고 제가 했던 일은 딱 하나, 엄마를 용서하는 것이었습니다.

– 덴마크에서, 사브리나 *Sabrina*

사브리나는 시각화와 명상을 사용해 엄마를 긍정적으로 생각할 수 있었다. 과거에 엄마와의 관계에서 받은 감정적 고통을 놓아버렸을 뿐 아니라 몸에 남은 신체적인 고통도 극복할 수 있었다. 당신이 상황을 생각하는 방법을 바꿀 때, 그 상황과 관련된 모든 것이 바뀔 것이다.

더 많이 줄수록 더 많이 받는다

주는 행동은 받는 길로 가는 문을 연다.

친절한 말을 주어라. 미소를 주어라. 감사와 사랑을 주어라.
당신이 주고, 그 덕분에 받는 길로 가는 문을 열 기회는 너무도 많다.

『시크릿 데일리 티칭』 중에서

선물

저는 출장 갔다 돌아오는 날 밤에 공항에서 『시크릿』을 읽기 시작했어요. 비행기에서 제가 읽은 대목은 독자들에게 자신이 꿈꾸던 차를 운전하는 모습을 상상해 보라고 권하는 부분이었죠. 저는 재규어 로고가 박힌 운전대를 상상하려 했지만, 무슨 영문인지 포르쉐 로고가 계속 떠올랐어요. 마침내 계속 머릿속에 떠올랐던 포르쉐가 남편이 항상 갖고 싶어 했던 차라는 사실을 깨달았어요.

저는 그 차를 머릿속에 분명하게 시각화했죠. 자동차 안팎의 색깔, 흠집 하나 없는 외부와 내부 장식, 잘 관리된 엔진 등을 떠올렸어요. 우리가 구매할 여유가 되는 차는 1997년식 모델이란 걸 알고 있었죠. 그 당시엔 생산된 지 10년쯤 됐을 겁니다. 저는 연식이 오래된 차 대부분은 안전띠 아래를 확인해보면 그 상태를 제대로 알 수 있다는 것도 알고 있었습니다. 하지만 새 차처럼 매끈하고, 주행거리도 얼마 되지 않는 10년 된 포르쉐를 계속 상상했지요.

저는 차를 상상하면서, 저도 모르게 훨씬 더 많이 원했던 무언가를 생각하고 있었어요. 사위 브랜던과의 관계를 회복했으면 하는 바람이었죠. 딸이 꿈꾸던 결혼이 험난한 결혼생활로 바뀌면서 사위와 제 사이엔 긴장감이 감돌고 거리가 생겼기 때문입니다. 그래서 브랜던과 저는 5개월이 넘게 말 한마디 하지 않았습니다.

저는 사위랑 단둘이서만 만날 기회를 만들어야겠다고 다짐했어요. 딸 부부의 결혼생활에 관해서 말하려던 것이 아니라, 그냥 사위 말을 들어주고 제가 그를 많이 아끼고 있다고, 그의 능력도 믿고 있다고 말해주고 싶었어요.

비행기가 착륙했을 때, 저는 『시크릿』에서 읽은 내용에 너무 흥분해서 어서 빨리 남편과 책 이야기를 나누고 싶었어요.

다음 날 아침, 딸과 조카를 데리고 아침 식사를 하러 나갔습니다. 레스토랑에서 딸이 전화를 받는데, 매우 놀란 얼굴로 제게 휴대폰을 건네면서 말했어요. "브랜던이에요. 그이가 엄마와 통화하고 싶대요."

한 달 전에 지역 자동차 판매 대리점의 판매 사원으로 취직한 브랜던은 제 남편 테드가 예전에 포르쉐 박스터를 갖고 싶다고 했던 말이 떠올랐다고 했어요. 그러더니 신이 나서 그날 아침 자기 회사로 막 들어온 매우 특이한 차에 관해 설명하기 시작했죠. 이전 차주도 딱 한 명이었는데, 매우 꼼꼼한 사람인 데다 지난 10년간 하루에 두어 블록밖에 차를 운전하지 않았다고 했어요. 브랜던은 제가 전날 밤 머릿속으로 그렸던 그대로 차를 설명하면서 '내부가 완벽하다'는 표현을 썼죠. 두말할 필요도 없이, 저는 사위에게 그 차 근처엔 누구도 얼씬거리지 못하게 하라고 당부했고, 바로 가겠다고 말했습니다.

도착해서 보니 차는 진짜로 제가 상상했던 '그' 차였어요. 색깔과 완벽한 실내는 물론이고 주행거리가 8,000킬로미터도 되지 않았더라고요! 남편이 틀림없이 좋아할 거라고 확신했지만, 일단 남편 테드에게 보여줘야겠다고 말했어요. 브랜던은 그 정도는 별문제가 없을 것이라 말하며 제 운전면허증을 가지고 차 열쇠를 받으러 갔습니다.

브랜던이 와서는 말하길, 매니저가 조건을 하나 달았다고 했어요. 남편 식당까지 왕복 두 시간 반 거리를 브랜던이 동행해야 한다는 조건이었어요.
저는 정말 놀랐습니다. 제 소원 두 가지가 스물네 시간도 채 되지 않아 실현된 셈이니까요. 남편은 꿈에 그리던 차를 받고 있었고, 남편 식당까지 가는 길에 사위와 저는 서먹한 관계를 치유하고 있었어요. 관계 회복은 당시 우리 둘에게 매우 중요한 숙제였죠.

비행기에서의 그날 밤 이후로 저는 『시크릿』을 절친한 친구들에게 사 주고 있어요. 우리는 『시크릿 다이어리』를 고마운 일들로 매일 채우고 있고, 브랜던은 차에서 오디오북으로 듣고 있답니다.

－ 미국 텍사스 주 댈러스에서, 듀렐 *Darelle P.*

즐거움은 더 많은 즐거움을 끌어당긴다. 행복은 더 많은 행복을 끌어당긴다. 평화는 더 많은 평화를 끌어당긴다. 감사는 더 많은 감사를 끌어당긴다. 친절함은 더 많은 친절함을 끌어당긴다. 사랑은 더 많은 사랑을 끌어당긴다.

『시크릿 데일리 티칭』 중에서

인간관계를 위한 비결

∽ 당신이 누군가와 흔히 말하는 부정적인 관계라면, 그 사람을 바라
   보는 방식을 바꿔서 관계를 바꿀 수 있다.

∽ 그 사람의 사랑스러운 점을 찾고 그에 관해 감사해라. 그러면 관계
   가 바뀔 것이다.

∽ 삶의 다른 것들과 마찬가지로, 관계에 관해서도 당신이 받으려면
   이미 원하는 것을 받았다고 믿어야 한다.

∽ 관계를 끌어당기거나 회복하려고 할 때는 당신의 행동에 당신이 받
   으려고 기대하는 것을 반영하고 있는지 확인해라.

∽ 완벽한 연인을 삶으로 끌어당기려면, 그 사람이 어떤 모습과 성격
   인지 자세히 상상하고, 모두 적어두어라.

∽ 당신이 남들에게 느끼는 감정을 당신은 자신에게 부르는 것이다.

☞   사랑을 느끼는 것만으로도 사람들과의 관계를 바꿀 수 있다.

☞   당신이 사랑할 수 있는 모든 것을 사랑해라. 당신이 사랑할 수 있는 모든 사람을 사랑해라. 오직 당신이 사랑하는 것에만 초점을 맞춰라.

☞   더 많이 줄수록, 당신의 인간관계와 삶에서 더 많이 받을 것이다.

끌어당김의 법칙은

우리 내면으로 치유의 힘을 불러오는 강력한 도구이다.

이것은 오늘날 우리가 이용할 수 있는 경이로운 의료 기술과

전체적으로 조화를 이룰 수 있다.

그리하여 치료 보조 수단으로 사용할 수 있다.

『시크릿 데일리 티칭』중에서

나는 건강해지기 위해
어떻게 시크릿을 이용했나

불치병은 없다는 것을 알고 있다. 역사의 어느 시점에서는 흔히 불치병이라 불리는 모든 질병이 치료됐다. 내 머릿속과 내가 창조한 세계에는 '불치병'이란 존재하지 않는다.

「시크릿」이 영화로 상영된 이후, 시크릿을 실행에 옮기고 몸에서 온갖 병이 사라졌다는 기적 같은 이야기가 우리에게 쇄도했다. 당신이 믿으면 무슨 일이든 가능하다.

당신의 생각을 바꾸고, 건강도 바꿔라

의사들이 기적이라고 말했어요

스물네 살에 저는 원인을 알 수 없는 치명적인 심장병이 있다고 진단받았어요. 이런 상태에 놓일 확률이 백만분의 1이라고 들었습니다. 저는 두 가지 약물을 처방받았고, 가슴에는 제세동기를 달았어요. 죽을지도 모른다는 생각이 매일 떠나지 않았죠.

5년 후 이혼을 하고, 심장 수술에 두 번 실패한 후에 답을 찾기 시작했어요. 『시크릿』을 읽은 후 그것을 실천에 옮기면서, 제 심장이 왜 이런 상태가 됐는지 그 이유를 알아내는 영적인 여정을 시작했죠. 몇 년이 걸렸지만, 마침내 저는 삶을 새롭게 고마워하면서, 이런 몸 상태를 계속 신경 쓸 필요가 없다고 느꼈지요. 그냥 놓아버리기로 했어요.

스스로에게 말했어요. '어느 날, 너는 깨어나서 더는 약을 먹을 필요가 없다는 걸 알게 될 거야.' 약 6개월 후인 어느 날 아침, 잠에서 깬 저는 테니스 신발을 급히 꺼내 신고 농산물 시장에 갔어요. 시장에 거의 다 가서야 심장 약을 먹지 않았다는 사실을 깨달았죠. 제 머릿속 목소리가 분명히 말했어요. "오늘이 바로 그날이야! 너는 이제 약을 먹을 필요가 없어."

그때부터 저는 약을 먹지 않았고, 6개월 전에 제세동기도 제거했답니다.

처음에 의사들은 제세동기 제거 수술을 망설였어요. 제 상태가 좋아졌다는 의학적 증거가 없었으니까요. 하지만 제 병이 아직 존재한다는 증거도 없었어요. 의사들은 기적이라면서, 이런 사례는 문헌상으로는 한 번도 보고된 적이 없다고 말했죠.

– 미국 콜로라도 주 콜로라도 스프링스에서, 나이트 *Knight A.*

처방받은 약물 복용이나 치료를 중단하는 결정은 당연히 의료 전문가와 상의해야 한다. 하지만 위 사연의 주인공과 그녀의 담당 의사들은 전통적인 치료법과 끌어당김의 법칙을 병행해서 사용하면 치료 효과가 있다는 사실을 함께 입증해낼 수 있었다.

믿음은 강렬한 느낌과 함께 수반되는 반복적인 생각이다. 믿음은 당신이 마음을 정하고 마음속에서 결정을 내리면, 문에 못을 박고 열쇠는 던져버려서 협상의 여지가 전혀 없는 상태와 마찬가지로 만들어준다.

만약 당신이 자신의 건강에 관해 부정적인 믿음을 키워왔다면 협상 테이블로 다시 가라. 마음을 바꾸기에 늦은 때란 없다. 당신의 건강을 바꾸고 싶다면 반드시 마음을 바꿔야 한다.

내 기적의 심장

저는 제 유전병에 관해 낯선 사람에게서 전화 한 통을 받았어요. 그렇게 저는 아버지의 돌연사를 알게 됐죠. 아버지는 53세였는데, 마판 증후군이라는 희귀한 유전병으로 인한 대동맥류로 돌아가셨어요. 저는 베벌리힐스에 있는 시다스사이나이병원의 순환기내과 과장에게 진료를 받았고, 제게도 마판 증후군이 있다는 사실을 알게 됐습니다.

마판 증후군은 치료법이 없는 유전 질환인데, 종종 대동맥류로 인한 사망을 일으키기도 합니다. 그 병은 이른 나이, 대개 20대에 발병합니다. 저는 스물여덟 살이었죠.

저는 엄청난 충격을 받았어요. 제겐 1도 방실차단이 있고 심잡음이 있었어요. 심장 상태가 2도 방실차단으로 나빠지면 심박조율기를 달아야 했지만, 진짜 걱정은 대동맥판이 버티지 못하고 파열할 가능성이었죠. 제가 아이를 갖지 못할 거라는 얘기도 들었어요.

그때까지 저는 늘 스포츠 시합에서 열성적으로 뛰는 운동선수였어요. 배구부터 수영팀을 거쳐 대학 테니스부에서도 활동했었죠. 영양 상태와 체력이 완벽했었어요. 하지만 그 소식을 듣고 나선, 정말로 겁을 먹었어요. 항상 자신을 강하고 긍정적이라고 생각했는데, 그때부턴 자신을 손만 대도 바스러질 것 같은 약한 존재로 여겼습니다. 가슴속에 '째깍거리는 시한폭탄'이 있다는 말을 들었기 때문이겠죠. 예전의 긍정적인 자아를 유지하려고 노력하면서도, 가슴 한쪽에서는 눈앞에 와 있는 위험과 피할 수 없는 죽음을 늘 의식하고 있었습니다.

저는 이런 두려움을 안고, 몇 년간 1년에 두 번 심장병 전문의에게 검사를 받으며 지냈습니다. 「시크릿」을 보기 전까지요. 그 즈음에 정기 검진을 앞두고 있었습니다. 「시크릿」에 등장하는, 비행기 사고를 당한 후 스스로 치유한 남자분이 존경스러웠습니다. 저는 그때 그 자리에서 제 심장을 치료하리라 다짐했습니다. 시크릿을 믿었고, 가능하리라는 것을 알았습니다.

저는 당장 제 심장에 관한 부정적인 생각을 버리고 더는 제 마음속으로 들어오지 않게 했습니다. 매일 밤 침대에 누워서 오른손을 제 심장 위에 올린 채 튼튼한 심장을 시각화했어요. 머릿속으로 제 심장이 튼튼하고, 건강한 심장과 똑같이 뛰고, 똑같은 소리를 내며 강하게 박동하는 모습을 그려봤어요.

매일 아침 잠에서 깰 때 말했습니다. "제게 강하고 건강한 심장을 주셔서 감사합니다." 또 심장 전문의가 제게 병이 완치되었다고 말하는 장면을 시각화했습니다. 남들이 저를 이상하게 생각하거나 부정적인 말을 할까봐, 제가 하는 일을 아무에게도 말하지 않았어요. 자신에게 시크릿을 시험할 충분한 시간을 주고 싶어서 담당 의사에게 진료받기로 한 약속을 넉 달이나 미뤘습니다.

저는 심장에 문제가 있다는 사실을 입증하는 예전 심전도와 심초음파 검사도가 가득한 의료기록을 가지고 심장 전문의에게 갔습니다. 심전도 검사와 초음파 검사를 받을 땐, 긴장하고 흥분됐지만 침착해지려고 노력했어요.

검사 결과를 갖고 들어온 의사는 완전히 말문이 막힌 것 같았어요. 1도 방실차단의 징후도 없고, 심잡음도 전혀 들리지 않는다고 했어요. 물론 대동맥 확장도 전혀 보이지 않았고요.

그는 예전에 했던 검사 결과와 새로운 검사 결과를 확인하고 또 확인했어요. 새로운 검사 결과는 마판 증후군의 신체적 증상이 전혀 보이지 않는, 완전히 건강한 심장이었으니까요! 의사는 어떤 설명도 하지 못했지요.

저는 희열을 느꼈지만, 솔직히 말해서 놀라진 않았어요. 정확히 제가 상상했던 그대로였으니까요. 저는 진료실을 박차고 말 그대로 '달려서' 주차장을 가로질러 제 차까지 뛰었어요. 제 평생 어느 때보다 더 강해지고 더 살아 있는 느낌이 들었어요.

엄마에게 전화했어요. 그전에 이미 『시크릿』을 사드렸던 터라, 제가 어떻게 시크릿을 실천했는지 말씀드렸고, 지금은 건강하고, 튼튼하고, 정상적인 심장을 갖게 되었다고 전했습니다. 엄마가 그렇게 목 놓아 우는 소리는 들어본 적이 없어요!

— 미국 캘리포니아 주 라구나 비치에서, 로렌 *Lauren. T.*

당신이 선택한 의사들에게 그들의 일을 하게 내버려두고, 당신은 행복에

만 초점을 맞추려고 노력해라.

행복한 생각을 해라. 행복한 말을 해라.
그리고 당신이 완벽하게 건강하다고 상상해라.

『시크릿 데일리 티칭』 중에서

한 번에 하나씩, 작지만 긍정적인 생각 떠올리기

모든 스트레스는 한 가지 부정적인 생각에서 시작된다. 한 가지 생각이 제 멋대로 뻗어나가면 더 많은 생각이 떠오르고, 또 더 많은 생각을 불러와 결국 스트레스가 생긴다. 결과는 스트레스지만 원인은 부정적인 생각이고, 그 모든 일은 하나의 작은 부정적인 생각에서 시작된다. 당신이 무엇을 불러왔을지라도, 그것을 하나의 작지만 긍정적인 생각으로 바꿀 수 있다. 그러면 곧 다른 긍정적인 생각이 떠오를 것이다.

아름다운 치유

『시크릿』 CD를 들은 이후로 제 인생에 멋진 일들이 많이 생겼습니다. 하지만 오랜 세월 앓았던 궤양성 결장염을 치료한 것보다 더 좋은 일은 없는 것 같아요.

오순절 교회파의 집안에서 태어난 저는 지옥과 예수의 부활을 두려워하면서 걱정 많은 아이로 자랐습니다. 속으로는 교회에 관해 의문을 품기도 했죠. '성경에서 가르치는 대로 신이 사랑이라면, 왜 나는 많이 두려운 걸까?' 저는 모든 것이 무서웠어요.

아빠는 궤양성 결장염이 있어서, 엄마는 제가 쓸데없는 걱정을 계속하면 저도 그 병에 걸릴 거라고 말했죠. 그런데 스물세 살 때, 정말로 궤양성 결장염으로 진단받았어요.

20대 후반엔 꿈꾸고 노래하는 것을 그만두고, 술을 진탕 마시기 시작했어요. 그때쯤 괜찮은 남자와 진지한 관계로 접어들었는데, 궤양성 결장염이 갑자기 재발한 것도 그 시기였어요.

괜찮은 남자와 헤어진 후에 천생연분을 또 만났지만, 내장이 계속 경련을 일으켰고 저는 매일 피를 흘렸어요. 그때 저는 전임으로 일하고 있었고, 혼자서 어린 딸과 말썽꾸러기 10대 아들 녀석을 키우고 있었죠. 알콩달콩하게 연애했던 덕분에 모든 고통이 참을 만했지만, 몸은 지쳐갔어요.

결국, 일을 그만두고 그때 막 새신랑이 된 남편의 사랑과 보살핌을 받으며 저는 제 과거와 몸을 치유하는 데 온전히 집중할 수 있었어요. 매일 피를 흘렸으므

로 심한 빈혈이 있었고, 매우 피곤했어요. 정신적으로도 훨씬 두들겨 맞은 것 같
았죠.

전문의를 찾아갔더니, 의사는 제가 평생 항염증제를 다량 먹어야 하고, 주기적
으로 관장을 해야 한다고 하더군요. 낙담하고 절망적인 심정으로 몸을 약으로
채우고, 그냥 그렇게 치료했죠.

그 후로 1년이 넘었는데도 저는 여전히 거의 매일 피를 흘렸어요. 다른 모든 면
에서는 완벽한 삶을 살았고요. 하지만 여전히 신체적·정신적으로 끔찍한 나날
을 보냈지요.

오래 고민한 끝에『시크릿』을 샀어요. 책을 읽은 지 5분 만에, 기쁨의 눈물이 얼
굴을 타고 흘러내렸어요. 말로 표현하지는 않았지만 믿음이 점점 더 분명해지고
있어서 믿기지 않았어요.

그날 제 인생이 바뀌었어요. 궤양성 결장염 증상이 즉시 누그러졌죠. 저는 구글
이미지를 검색해서 건강한 결장을 찾은 다음 그것이 제 몸 안에 있다고 시각화했
어요. 병을 낫게 해주셔서 감사하다고 말하며, 제 몸을 계속 축복했어요.

저는 물이 제 몸을 치유하는 모습을 상상했죠. 우리 몸은 주로 물로 이루어졌으
니, 물을 더 많이 마시면 건강에 나쁜 박테리아를 씻어내서 도움이 되리라 생각
했어요. 그래서 물을 마시면서 감사하다고 생각했습니다. 나중에『파워』를 듣고
서야, 물이 긍정적인 환경에 어떻게 반응하는지를 알게 됐어요.

저는 꾸준히 매일 『시크릿』을 들었습니다. 제 몸이 치료되고 있었고, 기분만큼은 어느 때보다도 좋았지만, 건강은 여전히 제가 원하는 수준만큼은 아니었습니다.

정신적으로는 과거를 놓아버리려고, 또 사랑하는 사람들과의 갈등에 대처하느라 몸부림쳤습니다. 저는 걱정이 가득했어요. 침착하고 차분할 수 없어서 크게 좌절한 상태였습니다. 자신에게 매우 혹독했어요. 제겐 먹고사는 일에는 부족함이 없었고 원하는 모든 사랑을 받고 있었어요. '그렇다면 왜 내 건강은 완벽하지 못한 거지?' 저는 완벽한 건강을 얻는 데 거의 다다랐지만, 여전히 뭔가를 놓치고 있다는 걸 알았어요.

매일 『시크릿』을 들은 지 6개월이 지났습니다. 영적 성장과 치유, 감사에 관한 책들을 읽은 후 『파워』를 샀는데, 그때야 제가 놓치고 있던 것을 발견했습니다. 다른 모든 것 앞에 놓아야 했지만 잊었던 것은 사랑이었어요. 저는 곧바로 가장 작은 것부터 가장 큰 것까지 모든 것을 사랑하기로 했습니다. 이틀 후, 제 병은 사라졌어요.

저는 이제 사랑을 느끼면서 하루를 시작합니다. 가족과 친구들을 떠올리고 그들에게 사랑을 줍니다. 그들이 행복하고 성공한 모습을 상상합니다. 저는 우주가 어떻게 반응하는지에 깊은 인상을 받았어요. 갈등도 없어졌어요. 제 주위 사람들이 더 행복해졌지요.

저는 사랑을 상상하고 느끼는 것 이외에는 아무것도 하지 않아요. 실천하기가 무척 쉽죠. 이제 저는 모든 것을 사랑합니다! 모든 것과 모든 사람에게 사랑을 줍니다.

제게 가장 큰 숙제는 과거에서 사랑을 찾는 일이었어요. 나를 슬프게 하는 기억들이 떠오르면, 그때 제가 사랑했던 것들을 찾아서 그것을 느끼려고 노력합니다. 그러면 곧 그 기억이 다시는 저를 괴롭히지 않죠.

제 삶의 모든 부분이 어느 때보다도 좋아요. 시크릿은 제게 새로운 사고방식과 삶으로 가는 문을 열어줬어요. 제 생일날, 처음 『시크릿』을 들은 지 2년 6개월 만에, 1년에 두 번 하는 검사 결과에서 그토록 오랜 세월 저를 괴롭혔던 궤양성 결장염이 씻은 듯이 사라졌다고 하더군요. 남아 있는 것은 흉터뿐이라고 했어요. 저는 지금 살아온 인생 중 가장 건강하고 가장 행복하답니다.

　　　　　　　　　　　　　　　- 캐나다 브리티시컬럼비아 주 밴쿠버에서, 제시카 *Jessica O.*

스트레스를 느낀다면 당신은 원하는 것을 가져올 수 없다. 당신의 삶에서 모든 스트레스와 긴장감을 제거해야 한다.

스트레스라는 감정은 당신이 원하는 것을 갖고 있지 '않다'고 강력하게 말하는 것이다. 스트레스나 긴장감을 느낀다는 것은 믿음이 없다는 의미이므로, 그것을 제거하려면 믿음을 더 군건하게 하면 된다!

『시크릿 데일리 티칭』 중에서

시크릿이 어떻게 내 삶을 넓혀주었나

저는 성인이 된 후 대부분 시간을 광장공포증, 불안 장애, 공황 장애에 시달렸어요. 제가 편하게 활동하는 지역 밖에서 무엇인가를 하겠다는 생각은 근본적으로 단념하고 지냈습니다. 그러다 『시크릿』을 읽었어요. 그때부터 모든 일을 대할 때 매우 긍정적으로 변하기 시작했죠.

저는 하루하루를 긍정적인 단언으로 시작했습니다. 그래서 제가 할 수 없는 것에 관해서 말하는 것을 멈추고, 제가 할 수 있는 일들만 말했습니다.

33년 만에, 한 번도 비행기를 타거나 해외로 나가본 적 없던 제가 아홉 살과 열두 살 먹은 두 아들을 데리고 발리로 2주간 여행을 갔어요.

저는 동네 쇼핑몰에도 나갈 수 없던 사람에서 세계 여행을 하는 사람으로 바뀌었답니다. 그게 모두 시크릿 덕분이에요!

— 호주 시드니에서, 카렌 *Karen E.*

카렌의 이야기가 보여주듯, 긍정적인 단언을 하면 공포와 불안감, 심지어 공황 장애까지도 극복할 수 있다.

긍정적인 단언의 효과는 전적으로 당신이 그것을 말할 때 얼마나 믿고 있는지에 달려 있다. 믿음이 없다면, 긍정의 단언은 힘이 없는 말일 뿐이다. 믿음은 당신의 말에 힘을 실어준다.

『시크릿 데일리 티칭』 중에서

기분 좋음보다 중요한 것은 없다

건강하다는 것은 건강한 몸, 그리고 건강한 마음을 지녔다는 것을 의미한다. 당신의 마음이 부정적인 생각이나 부정적인 믿음으로 가득하다면 당신은 행복하거나 건강할 수 없다. 당신의 마음을 건강하게 유지할 수 있다면, 몸의 건강도 도울 수 있다.

당신의 마음을 건강하게 유지하는 한 가지 방법은 부정적인 생각을 믿지 않는 것이다. 당신의 삶에 어떤 일이 일어나든 당신의 마음을 아름다움·사랑·고마움·즐거움에 관한 긍정적인 생각으로 돌릴 수 있다면, 당신은 몸에 필요한 만병통치약을 얻는 셈이다.

정신이 번쩍 들게 한 사건

제 삶은 항상 건강했어요. 거의 40년 동안 저는 깊은 명상을 실천하며 운동을 했고, 몸에 좋은 음식을 먹었고, 잠도 여덟 시간씩 잤어요. 그래서 제가 60번째 생일을 맞기 1주일 전 유방암을 진단받았을 때, 저와 의사 모두 충격을 받았죠.

며칠 동안 저는 암 진단 이후 종종 온다는 공포에 몸이 마비되는 것 같았어요. 그러다 정말로 우연히 『시크릿』에 관한 신문 기사를 보게 됐어요. 오디오 CD를 주문했죠. 차에서, 잠자리에서, 개를 산책시키면서 CD를 들었어요.

저는 남편과 제가 그래왔던 것처럼 늘 일만 하고 인생을 즐기지 못한 것은 자랑스러운 일이 '아니'라고 깨달았죠. 그래서 우리는 같이 앉아서 더 균형 잡힌 삶이 되도록 우선순위를 다시 정했어요.

그다음으로는 좋은 의도로 친구들이 제게 주었던 암에 관한 책들을 모두 되돌려주었고, 의학 사이트를 검색하는 일도 그만뒀어요. 스스로를 유방암 환자와 동일시하는 생각을 멈춰야만 했어요. 그 대신 매일 산책하는 길에 큰 소리로 외치기 시작했죠. "나는 눈부시게 건강합니다! 감사합니다, 감사합니다, 감사합니다!"

샤워하면서는 제 모든 세포가 완벽하게 조화를 이루고, 온몸의 시스템이 완전하고, 모든 조직이 건강하다고 상상했어요. 온종일 모든 것에 감사했습니다. 깨어나서부터 잠자리에 들 때까지, 내가 얼마나 건강한지 반복해서 되뇌었어요.

시크릿이 효과를 거두기까지 6주가 필요한데, 병원에서는 며칠 내에 수술 날짜를 잡고 전화를 하겠다고 말했었죠. 그래서 치유할 시간을 더 만들어달라고 시크릿을 사용했어요. 저는 반복했어요. "저는 치유할 시간이 더 필요합니다." 그러자 우주가 제 말을 들어줬어요! 5주 반이 지나도록 병원에서는 전화가 오지 않았고, 마침내 제가 직접 병원에 전화를 걸었죠. 믿어지나요? 누군가 제 진료기록을 잃어버렸다는 거예요!

하지만 그때쯤에 저는 유방에 있던 덩어리가 거의 느껴지지 않았어요!

수술이 끝나고 의사는 남편에게 수술이 너무 어려웠다고 했답니다. 도무지 종양을 찾을 수가 없었기 때문에요. 그래서 추가로 조직을 떼어 계속 병리학과에 보내면서 올바른 부위를 찾은 것인지 확인하려 했었대요! 아무도 종양이 왜 그렇게 많이 줄어들었는지 설명하지 못했어요. 하지만 저는 말할 수 있죠!

다시는 이런 고통을 겪고 싶지 않지만, 이제 저는 매 순간 삶을 즐기고 있어요. 생각이 지닌 힘을 알게 돼서, 그리고 우리가 삶에 관해 내렸던 멋진 결정 덕분에 저는 훨씬 더 행복하답니다.

– 미국 뉴욕 주 시러큐스에서, 캐럴 *Carol S.*

캐럴이 발견한 것처럼, 마음으로 하는 치유는 의학 치료와 조화를 이루어 효과를 보일 수 있다. 당신이 어떤 검사나 치료를 받는다면, 당신이 원하는 결과를 상상하고 이미 그 결과를 얻은 것처럼 느껴라. 캐럴이 수술을 받을 때 그녀는 시크릿을 이미 사용해서 긍정적인 결과가 나올 것이라고 굳게 믿었다. 그리고 바로 그것은 우주가 그녀에게 가져다준 선물이다.

스트레스와 부정적인 생각이 우리 신체에 오랫동안 계속 영향을 주면 결국 질병이 생긴다. 우리는 두 가지 접근법으로 부정적인 생각을 바꿀 수 있다. 건강에 관한 긍정적인 생각과 단언으로 우리 몸을 가득 채울 수 있고, 그러면 동시에 부정적인 생각이 사라지게 된다. 다른 방법은 우리가 부정적인 생각을 떠올리지 않기로 마음먹는 것이다. 부정적인 생각에 전혀 관심을 두지 않으면, 나쁜 생각들은 에너지가 고갈돼 즉시 사라지고 만다. 두 방법 모두 효과가 있고, 둘 다 당신이 원치 않는 것에는 아무런 관심도 보이지 말라는 교훈을 담고 있다. 결국, 그것이 시크릿의 가르침 아닐까?

다음 이야기에서 티나는 자신이 원하던 건강을 끌어당기려면 부정적인 생각을 없애야 한다는 진리를 알았다.

어떤 병에도 끄떡없어요

저는 조기 폐경을 진단받았습니다. 그때는 서른두 살이었고, 이혼한 직후였죠.

아직도 의사가 저를 진정시키려 애쓰면서 중얼거리던 말을 기억해요. "이렇게 젊은 분에게서는 본 적이 없습니다." 저는 엄마가 될 수 없다는 생각에 매일, 매주, 매달을 눈물로 지새웠어요. 엄청난 충격을 받았으니까요.

어떤 말로도 제가 겪은 경험과 고통을 설명할 순 없을 겁니다. 치료법도 없었고, 의사에게서 어떤 추천도 받지 못했어요. 한 치도 거짓 없이, 저는 치료법과 원인을 찾아내어 정상적이고 규칙적인 월경 주기를 되찾으려고 온 세계를 돌아다녔어요. 한약도 먹고, 침도 맞고, 피임약도 먹었으며, 호르몬 치료도 했어요. 남들이 좋다고 하는 온갖 방법을 다 써봤어요.

사실, 가슴속 깊은 곳에서는 놀라지 않았어요. 전 항상 매우 부정적인 사람이었어요. 그 소식을 듣기 전에, 30대 초반에 조기 폐경을 맞은 여자들의 이야기를 듣고는 제게도 폐경이 일어나지 않을지 늘 걱정했었거든요. 바로 시크릿의 황금률이 딱 들어맞았죠. '당신이 뭔가를 걱정하면, 그대로 당신에게 일어나리라.'

이 약 저 약을 먹고 이 의사 저 의사를 찾아다니면서 5년이 흐른 후, 저는 더 나쁜 상황에 부닥쳤습니다. 제 몸에 노화가 빨리 진행되고 있었으므로 고혈압과 칼슘 결핍이 생겼어요. 좀 많이 걸을 때면 무릎이 계속 아팠어요. 그리고 고혈압약을 먹기 시작했죠. 서른여섯밖에 되지 않았지만, 예순셋은 된 것 같았어요. 사실 매일 아침 일어나면서 이른 나이에 죽을지도 모른다는 생각을 했어요. 하루하루가 우울했지요.

저는 재혼했고, 남편은 오르락내리락하는 제 기분도 잘 참아줬어요. 남편은 저
더러 밖으로 나가 운동을 하고, 건강에 좋은 식단으로 먹으라고 권했어요. 어느
순간 저는 호르몬 약을 모두 그만 먹고 몸을 좀 쉬게 해야겠다고 결심했습니다.

호르몬 약 복용을 중단한 어느 날, 서점에 나갔다가 『파워』를 봤어요. 그전에 『시
크릿』을 읽었지만, 그 책을 따라 해봐야 아무 소용없다고 생각했어요. 제가 그
만큼 부정적인 사람이었으니까요. 하지만 어쩐 일인지 강한 목소리가 제게 이
책이 유일한 희망이며 유일한 치료법이라고 말하고 있었어요. 그리고 어떤 치료
법도 효과가 없다면, 내가 스스로 의사가 되어 다른 방식으로 치료해야 할지도
모른다고 생각했죠.

그 책을 읽자마자 사로잡혔어요. 오디오북을 사서 매일 지하철에서도, 장을 보
러 가는 길에서도, 거리를 걷는 동안에도 읽었고, 잠 못 드는 밤에 일어나서도
들었죠. 제 삶에서 원하는 것은 무엇이든 할 수 있고 얻을 수 있다는 말을 들을
때마다 눈물을 흘렸어요.

그리고 긍정적인 생각과 상상을 연습하기 시작했어요. 정상적이고 튼튼한 혈관
을 가진 자신을 상상했어요. 약을 먹지 않고도 제 혈관이 정상적이고 건강하다
고 상상했죠. 무릎에 통증을 느끼지 않고 뛰어다니는 제 모습을 상상했어요. 또
생리 주기가 정상적인 제 자신을 상상했어요. 생애 처음으로 매 순간 사랑을 느

껐습니다. 더는 사소한 일에 우울해하지 않았어요. 제 주위에 사랑하는 사람들이 있고, 제가 좋아하는 장소들이 있어 축복받았고 행복하다고 느꼈지요.

석 달 후에는 복용하던 약을 모두 중단했어요. 그로부터 몇 달 후에는 약을 전혀 먹지 않고도 제 혈압이 정상 수치가 됐어요. 무릎도 더는 아프지 않았고, 가장 믿을 수 없는 일은 다시 생리가 시작되었다는 거예요.

삶에서 맞닥뜨린 고난을 극복할 힘을 주신 『시크릿』팀 모두에게 감사를 드립니다. 여러분은 제가 강하고, 무엇이든 받을 자격이 있으며, 어떤 병에도 끄떡없는 건강을 누릴 수 있다고 믿게 해줬어요.

– 홍콩에서, 티나 *Tina*

건강을 개선하려면 건강을 향한 당신의 마음만 바꾸면 된다는 사실이 놀랍지 않은가? 긍정적인 생각에 휩쓸리도록 해라. 건강에 관한 긍정적인 상상으로 몸과 마음을 가득 채워라. 당신이 기분 좋고 즐거운 감정에만 초점을 맞추면서 긍정적인 감정에 마음을 쏟을 때, 부정적인 감정을 외면하게 된다는 사실을 알아야 한다.

삶이 주는 선물 받기

우리는 아이를 가질 수 있다는 희망을 잃었었지만, 『시크릿』을 읽고 그 법칙을 실행에 옮긴 후 임신했다는 여성들의 사연을 많이 받았다. 나는 이 이야기들이 '절망적인' 상황이란 없고, 시크릿을 실천하면 어떤 상황에서든 긍정적인 결과를 낳을 수 있다는 것을 잘 보여준다고 믿는다.

사랑스러운 딸을 낳는 축복을 받았어요

제가 천생연분과 결혼했을 때 얘기는 시작됩니다. 우리의 목표는 먼저 안정적으로 자리를 잡은 다음 아이를 낳는 것이었어요.

그러나 아이를 가지려고 했을 때, 무슨 이유에선지 임신이 되지 않았어요. 그래서 우리는 병원에 찾아갔고, 의사 선생님이 우리에게 검사를 받아보라고 하더군요. 검사를 수차례 했지만, 불임의 원인을 찾을 수는 없었어요.

부모님과 친척들, 이웃과 친구들은 아이 소식을 계속 물었지만, 우리는 해줄 말이 없었어요. 결혼한 친구들이 아이를 낳는 축복을 받을 때, 저는 눈물을 흘리면서 어린 천사를 제게 보내달라고 기도했습니다. 저는 매우 우울했고 아이를 간절히 바랐어요.

어느 날 의사가 그해 말까지 임신이 되지 않으면 체외수정 시술을 받아야 한다고 말했어요. 제겐 충격적인 소식이었어요. 체외수정은 비용이 많이 드는데, 첫 번째 시도에 성공하리란 보장이 없었으니까요. 그러다 친한 친구 중 한 명이 점술가에게 상담을 받아보자고 권했어요. 그분의 충고가 도움될지도 모른다면서요.

남편과 저는 예약을 했고, 그 만남이 제 인생을 바꿔놨어요. 우리가 점술가에게 건강 문제에 관한 고민을 털어놓자, 그가 제게 「시크릿」을 봤느냐고 묻더군요. 저는 봤다고 대답했죠. 사실, 그 영화를 여러 번 봤거든요. 점술가가 말했어요. "당신이 이미 시크릿을 알고 있다면, 왜 제게 고민을 갖고 오셨나요? 당신은 스스로 문제를 풀 수 있어요." 그는 우리에게 시크릿을 어떻게 사용하는지 안내해주었고, 바로 그날 저는 자연적으로 임신할 권리를 찾겠다고 마음먹었어요.

그날부터 남편과 저는 시크릿을 우리 일과에 넣었어요.

처음엔 그 책을 사서 찬찬히 읽었어요. 다 읽은 후엔, 임산부를 볼 때마다 그녀를 볼 수 있게 해주셔서 감사하다고 신께 말했어요. 태어날 딸에게 입힐 옷을 사기 시작했죠. 아기가 커가는 모습을 찍은 사진들을 모아서 휴대폰에 저장했어요. 유아용 비누도 쓰기 시작했어요. 서랍장에 아이 옷을 놓아둘 공간도 마련해뒀어요. 매일 남편과 저는 귀여운 천사를 보내주셔서 감사하다고 기도했어요. 친척들이 좋은 소식이 없느냐고 물을 때마다 미소 지으며 말했죠. "곧 생길 거예요." 마치 작은 천사가 이미 우리에게 내려온 것처럼 행동하고 있었어요.

시크릿을 실천하기 시작한 지 9개월 만에, 집에서 임신 진단 테스트를 했는데 양성으로 나왔답니다. 의학적인 치료나 도움을 전혀 받지 않고 임신에 성공했어요.

제 뺨엔 눈물이 흘러내렸어요! 너무너무 행복했어요. 남편도 제가 의학적 도움 없이 임신했다는 사실에 매우 기뻐했어요. 제 임신 기간은 내내 순조로웠고, 아홉 달 후에 우리는 사랑스럽고 건강한 딸을 낳는 축복을 받았답니다. 많은 사람이 제게 아들일 거라고 말했지만, 저는 임신하기도 전에 딸이라는 것을 알고 있었어요.

그래서 저는 임신에 어려움을 겪는 사람에게 절대 희망을 잃지 말고 긍정적이 되라고 말하고 싶어요. 우주에 요구하고 당신이 이미 받았다고 믿기만 하면, 당신이 바라는 모든 것을 얻는 축복을 받을 겁니다!

－인도 뭄바이에서, 사미타 *Samita P.*

사미타는 다른 여자들의 임신에 고마움을 느끼자, 비록 그녀 자신은 임신하지 않았을지라도 임신을 떠올리면 기분이 좋아졌다. 당신이 고마움을 느끼는 것과 당신이 기분 좋은 것은 무엇이든 당신에게 가져올 수 있다.

사미타는 미리 알았던 대로 자신에게 딸을 보내준 우주에 고마워하고 감사하는 것 이외에도 그녀의 일상생활에 두 가지 매우 중요한 단계를 포함했다. 임신한 여자를 볼 때마다 신에게 감사했고, 옷장 공간을 정리하며 아기 옷을 사기 시작했다.

옷장에 공간을 만들고, 태어날 딸의 옷을 산 사미타의 행동은 그녀가 임신할 것이라고 믿게 했을 뿐 아니라 아기가 지금 오고 있다고 믿게 했다! 사람들은 우주가 빈 곳을 매우 싫어해서 당장 채운다고들 한다. 이야기에서 보듯 사미타의 사례가 여실히 그것을 증명하고 있다.

삶에 가장 빨리 오는 것들은 당신이 가장 많이 믿는 것들이다. 당신은 오직 믿는 것만을 불러올 수 있으니, 원하는 것을 받으려면 믿어야 한다.

『시크릿 데일리 티칭』 중에서

다음의 이야기에서, 안드레아는 소품과 시각화의 힘을 사용해서 그토록 바라던 임신을 한 번이 아니라 두 번이나 실현했다.

상상의 힘

2003년 여름이었어요. 휴일에 태양이 빛나는 황금빛 모래사장에 앉아 있을 때, 엄마가 여섯째를 임신했다는 놀라운 소식을 전했어요. 엄마와 저는 아이들을 무척이나 좋아했는데, 막내가 당시 열한 살이라서 집안에 얼른 새로운 아기가 태어났으면 좋겠다고 생각했어요.

하지만 석 달 후 엄마가 첫 번째 초음파 검사를 받았을 때, 우리가 꿈꾸던 세계가 산산이 조각났어요. 아기의 심장 박동이 들리지 않았고, 엄마는 유산한 상태였어요. 우린 망연자실했지요.

2004년 크리스마스 무렵, 우리 꿈과 악몽이 되살아났어요. 엄마는 또 임신했는데, 4개월 만에 아기를 유산했어요. 의사가 말하길 엄마가 마흔둘이라 나이가 너무 많고, 그래서 난자가 튼튼하지 못하다더군요. 우리는 희망을 포기하고 이젠 집안에 아이가 없을 거란 사실을 받아들였죠.

2년이 지났지만, 엄마와 저는 여전히 아이를 간절히 바라고 있었어요. 그때 『시크릿』이 우리 삶으로 들어왔죠. 처음에는 의심이 들었어요. 그러자 엄마가 「시크릿」 DVD를 보라고 하시더군요. 처음 5분이 지나자 저는 눈을 뗄 수 없었어요. 제 마음과 머릿속에 있는 무엇인가가 갑자기 이해되면서, 한동안 미소가 떠나질 않았답니다.

몇 주 후에, 저는 시각화를 시작했어요. 어릴 적부터 갖고 있던 오래된 인형을 꺼내서 매일 밤 자기 전에 누워서 10~15분 동안 안고 있었죠. 그리고 갓난아기를 품에 안고 있는 모습과 내 심장에 맞닿은 아기 심장이 콩닥거리는 소리와 나를 껴안은 아이의 따뜻함과 사랑을 상상했어요. 저는 2007년 8월 14일, 열일곱 번째 생일날에 진짜 남동생이나 여동생을 안을 거라고 달력에다 쓰기까지 했어요. 저는 몰랐지만, 엄마는 아빠의 오십 번째 생신인 2007년 9월에 여섯 번째 아이를 낳을 거라고 엄마 달력에 써놓으셨대요.

시각화를 시작한 지 몇 달 만에, 저는 팔에 기적을 안고 앉아 있었어요. 아기는 콩닥거리는 심장을 제 심장에 대고, 따뜻한 얼굴을 제 뺨에 바싹 파묻고 있었죠. 여동생은 그때도, 그리고 지금도 믿을 수 없을 정도로 무척이나 아름답고, 모든 게 완벽하답니다. 동생은 믿음이고 희망이며, 사랑이자 삶의 기적이에요.

하지만 제 삶에서 시크릿이 정말 얼마나 강력한지 보여주는 이야기가 또 있어요. 스무 살에 저는 임신에 문제가 있다는 진단을 받았습니다. 그땐 「시크릿」에서 배운 정보 덕분에 열여덟 살에 시작한 사업을 운영하느라 바빴었죠. 불임 진단에 저는 충격을 받았어요. 항상 엄마가 되고 싶었는데, 몇 년 후엔 사업에 집중하느라 많은 적신호가 제 삶에 들어오고 있었죠. 건강에 더 심한 문제들이 있다는 진단을 받았어요. 당장 행동을 취해야 했죠!

그래서 제가 선택할 수 있는 것들이 무엇인지 조사하기 시작했고, 많은 예쁜 아이를 사랑하고 가르칠 기회에 감사하며, 제 삶에 고마워했어요. 올바른 길을 찾을 것이라고 진심으로 믿었어요. 제가 임신한 모습과 어린아이를, 하루가 저물

때 다시 돌려줄 필요가 없는 내 아기를 안고 있는 모습을 시각화하기 시작했습니다. 눈에 보이기 시작한 길은 다른 사람들이 걸어왔던 길과는 달랐지만, 그것이 저를 위한 길이란 걸 알았습니다.

저는 불임 치료를 받고 임신을 위해 노력하기로 했습니다. 힘든 길이었지만 혼자서 가는 길이라 더 힘들었어요. 장애도 많고 가슴 아픈 일도 많았지만, 터널 끝에서 빛을 볼 수 있으리라 믿었습니다. 계속 시각화를 했고 긍정적인 생각을 유지하려 했지만, 이상한 경험을 하고 있었어요. 아이와 함께 있는 제 미래를 상상하려 했지만 그럴 수가 없었어요. 머릿속에 자꾸 아기 둘이 떠올랐거든요.

어디를 가든 쌍둥이가 보이기 시작했어요. 시각화를 할 때도 쌍둥이가 보였어요. 무시하려 했지만, 너무 강력한 이미지가 자꾸 떠올라 시각화를 할 때 쌍둥이에 집중하기로 했죠. 저는 쌍둥이 사진을 비전 보드에 붙이고는 꿈을 좇아 계속 앞으로 나아갔어요. 2단계 불임 치료가 성공해서 임신했다는 소식을 들었을 땐, 심장이 쿵 하고 떨어지는 줄 알았어요. 하지만 가장 좋은 소식은 임신 8주째에 했던 초음파 결과였어요. 아기가 쌍둥이라는 거예요!

믿을 수가 없었어요. 지난 몇 달 동안 상상했던 모든 것이 눈앞에 현실로 나타났어요. 저는 그냥 아기 엄마가 아니라 쌍둥이 엄마가 되었답니다. 지금은 아들들과 보내는 매 순간이 벅찬 감사와 사랑으로 가득합니다. '믿으면 얻을 수 있다'는 말을 진심으로 이해하는 축복을 받아 무척이나 감사합니다.

– 아일랜드에서, 안드레아

시각화가 매우 강력한 이유는 당신이 머릿속에 원하는 것을 보는 모습을 떠올렸을 때, 그것을 지금 갖고 있다는 생각과 느낌을 만들기 때문이다. 시각화하면서 당신이 강력한 신호를 우주로 내보내면, 끌어당김의 법칙이 그 신호를 포착해서 당신이 머릿속에서 본 그대로를 삶의 환경으로 당신에게 되돌려줄 것이다.

마음이 어떻게 물리적인 것들을 바꿀 만큼 강력한 힘을 지닐 수 있을까? 고대 전설들은 우리가 물리적인 세계에서 인지하는 모든 것이, 말 그대로 모든 것이 마음으로 이루어져 있다고 단호히 말한다. 그들은 모든 문제가 사실은 마음의 문제라고 말하고, 바로 그런 이유로 마음은 무엇이든지 바꿀 수 있다.

자녀 치유하기

가끔 삶은 우리에게 정말 힘든 고난을 던져주는데, 부모로서 가장 힘든 고난은 아이의 건강이 위험에 처했을 때일 것이다. 내가 공유하려는 이야기의 부모들은 자신을 치료할 때와 마찬가지로 자신의 아이를 치료하는 데도 시크릿의 지혜를 사용했다.

아들이 살아났어요

저는 몇 년 전 친구에게서 『시크릿』을 받았지만, 나중에 하루 만에 읽어버려야겠다고 생각하고 책꽂이에 꽂아만 두었어요. 어느 날은 정말로 읽기 시작했지만, 세 아이 중 하나가 방해를 하는 통에 제대로 읽지 못했죠. 그날 밤에 인터넷 검색을 하다가 저는 우연히 『시크릿』을 또 보게 됐어요. 며칠 만에 처음으로 끝까지 다 읽었고, DVD도 남편과 함께 보고 나서는 『시크릿 다이어리』를 쓰기 시작했어요. 저는 '그런 일은 내겐 절대 일어나지 않을 거야'에서 '그건 모두 내 것이 될 거야'로 생각을 바꿨어요.

2주 후에 남편은 출장차 중국으로 떠났어요. 막내아들 리암은 당시 7주밖에 안 됐는데, 폐렴에 걸린 채 미숙아로 태어난 후 줄곧 건강이 좋지 않았어요. 이틀 후 리암은 밤새 울면서 잠들지 못했고 안색이 창백해져서 저는 아이를 데리고 병원으로 달려갔어요. 우리가 도착할 때쯤 리암은 호흡이 멈춰 있었어요. 아이는 매우 심각한 상태였고, 요추 천자를 실시한 결과 세균성 수막염으로 판명됐죠.

그때부터 몇 시간 동안 리암의 심장은 네 번이나 멈췄어요. 그때마다 아이를 되살려야 했어요. 그러자 의사 선생님은 리암이 위중한 상태니 남편에게 돌아오라고 전화하는 것이 좋겠다고 했어요.

끔찍한 시간이어서 이성을 잃을 지경이었어야 했죠. 하지만 저는 내내 침착한 상태로 아들이 곧 매우 건강해져서 집으로 돌아갈 것이라고 믿었어요. 첫날 밤엔 엄마와 함께 병원에 앉아 남편이 돌아오길 기다리면서, 감사한 모든 것을 나열했어요.

아이를 데리고 병원에 재빨리 온 제 행동에 감사했어요.

아들을 돌봐주시는 훌륭한 의료진들에게 감사했어요.

남편이 중국에서 열다섯 시간에 걸쳐 돌아오는 동안, 옆에서 저를 응원해준 친구들에게 감사했어요.

절대 나쁜 생각은 하지 않았고, 긍정적인 생각만 한 것이 저를 더 강하게 했죠. 사실 제 내면의 힘이 더 강해질수록 아들의 건강도 더 좋아졌어요. 매일 페이스북을 업데이트할 때, 리암의 건강이 얼마나 심각한지 말하기보다는 그날 일어난 좋은 일들과 감사한 것들에 관해 썼어요. 매번 글을 올릴 때마다 마지막에 '시크릿'이라고 썼답니다.

마침내 리암이 퇴원할 만큼 건강해진 날이 왔고, 의료진들은 "리암이 건강을 되찾아 행복하게 병원을 떠나는 모습을 보다니 기적"이라고 말했어요. 그들은 리암이 첫날 밤을 넘기지 못할 것이라 확신했었고, 또 너무나 침착한 제 모습에 놀랐었다고 하더군요. 의사 중 한 명이 제게 물었어요. "어머님이 항상 들고 계신 그 책은 성경인가요?" 저는 그분께 어떻게 제가 그렇게 침착할 수 있었는지, 무엇을 믿고 있었는지 말했고, 표지를 잃어버린 낡은 빨간색 책은 『시크릿』이라고 대답했죠.

저는 아직도 실천하고 있어요. 보통 저는 휴대폰 메모장에 멋진 하루를 보낸 자신에게 감사하고, 다음 날을 고대한다고 간단히 쓰면서 하루를 마무리합니다. 하지만 『시크릿 다이어리』에도 감사의 말을 쓰지요.

엄마가 제게 말하곤 했어요. "베키, 너는 동화를 원하지만, 동화는 존재하지 않고 절대 현실이 될 수 없단다." 그러면 저는 엄마를 믿는 척했었죠. 하지만 매일 밤 잠들 때는, 제게 일어날 온갖 멋진 일들을 생각하면서 잠들곤 했어요. 저는 요구한 것을 대부분 받았지만, 어려운 시절도 있었죠. 그런데 『시크릿』을 읽고 나자, 제가 좋은 시절과 나쁜 시절 모두를 제 삶으로 불러왔었다는 걸 이해하게 됐어요.

새로 태어난 저는 온 세상을 얻은 기분이고, 무엇이든 할 수 있어요. 이제 제 인생에 장애물은 없을 테니까요.

– 영국 버밍엄에서, 레베카 *Rebecca D.*

감사와 믿음, 흔들리지 않는 낙관주의는 레베카가 아들을 치유한 비결이다. 리암이 위독한 상황에서도, 그녀는 고마워하는 것을 절대 멈추지 않았다.

사람들이 당신에게 축복이라 느끼는 것을 세어보라고 할 때 당신이 고마운 것들을 생각한다면, 그것이 바로 축복을 세는 것이다. 그것은 당신이 할 수 있는 가장 강력한 실천 중 하나이며, 당신의 삶을 송두리째 바꿀 것이다!

깊은 감사를 느끼려면, 차분히 앉아서 당신이 평소에 감사하다고 생각한 것들을 하나씩 써라. 당신의 눈에 눈물이 넘쳐흐를 때까지 계속 써라. 눈물이 흐를 때, 당신의 마음과 내면 깊은 곳에서 우러나오는 가장 아름다운 감정을 느낄 것이다. 이것이 진정한 감사의 느낌이다.

『시크릿 데일리 티칭』 중에서

임신 합병증을 이겨냈어요

2013년 1월, 임신 테스트에서 양성 반응이 나왔어요. 이미 예쁜 딸이 있었지만, 남편과 저는 새 가족을 더 만들고 싶었죠.

임신 과정은 완벽했어요. 12주 차에 받은 초음파 검사에선, 우리 아기가 건강해 보였죠. 그러나 20주 차 초음파에서 상황이 확 바뀌었어요. 초음파 기사가 아기 머리 위에서 꽤 큰 혹을 발견한 거예요. 의료진들의 얼굴 표정에서 좋지 않은 소식이란 걸 알아차렸어요. 저는 24시간도 채 되지 않아서 정밀검진을 받으러 전문의에게 갔지요.

초음파 검사를 다시 받은 후 의사가 설명했어요. 아기 머리에 붙은 혹에 액체가 차 있는데, 그것이 아기 머리를 압박해서 태아에게 심각한 장애를 유발할까 너무 걱정스럽다고요. 저는 이미 아기가 움직이고 발로 차는 것을 느끼고 있었어요. 그런 상황에 부닥치리라고는 상상조차 못 했어요. 의사는 아기가 틀림없이 어떤 장애를 갖고 태어나겠지만, 지금 단계에선 얼마나 심각할지 알 수 없다고 했어요. 아기는 보거나 들을 수 없을지도, 말을 못할지도 모른다고요.

임신 과정이 진행되면서 아기 뇌가 얼마나 심하게 영향을 받을지는 지켜봐야만 알 수 있었어요. 저는 그때 바로 임신 중절 수술을 권유받았어요. 제 처지에 있는 사람들은 어떻게 돼갈지 '지켜보기'만 해야 하는 상황을 감당할 수 없어서 대부분 임신 중절 수술을 선택한다고 하더군요.

그 당시엔 아기에게 아무 문제가 없었고, 아기의 뇌도 건강했어요. 저는 한바탕 울고 나서, 건강한 아기를 낳을 것이라고 확신하려면 『시크릿』에서 배웠던 것을 사용해야겠다고 다짐했어요. 그리고 의사에게는 임신 상태를 유지하겠다고 말했어요.

임신 중절 수술을 권유받고 병원을 나온 후 남편과 함께 거리를 걷고 있는데, 엽서 한 장이 바람에 날아와 말 그대로 제 신발 밑에 턱 하고 끼었어요. 왠지 모르게 그걸 줍고 싶더라고요. 흰색 엽서에는 검고 큰 글씨로 '낙태, 절대 하지 마세요'라고 쓰여 있었어요. 저는 깜짝 놀랐고, 그 엽서를 임신을 지속하기로 한 제 결정이 옳았다는 신호로 받아들였습니다.

집으로 와서 남은 임신 기간에 아기가 건강하게 자라는 모습을 시각화했어요. 아기의 뇌에 금속으로 된 막이 씌워져 있어서 물혹이 뇌에 아무런 압력을 주지 않고 뇌가 손상되는 것을 막아주는 모습을 상상했어요. 건강한 아기를 출산하는 장면을 상상했고, 병원에 가는 날을 고대했어요. 갈 때마다 아기가 건강하다는 말을 들을 걸 알았으니까요. 아기가 큰딸과 노는 모습을 그려보면서, 건강한 아기를 낳는 축복을 받아 고맙다고 매일 말했어요.

저는 임신 기간 내내 꼬박꼬박 정기 검진을 받았고, 갈 때마다 의사는 깜짝 놀라면서 아기가 아무 이상이 없다고 확인해주었어요. 마지막 검진일인 37주 차에는 아기 머리에 있던 물혹이 더 자라지 않아 아기의 뇌를 전혀 압박하지 않았다는 소식을 들었어요. 굉장히 건강한 아기를 출산할 수 있다는 소식도 들었죠. 의

사는 이런 상태의 태아가 건강하게 태어나는 경우는 거의 보지 못했다고 했습니다.

우리 예쁜 딸 스칼렛 에미는 2013년 10월 2일 수요일에 태어났고, 완전히 정상이었어요! 아기는 정말 '예쁘고 건강해요!' 치료에 참여했던 의사들이 모두 아기를 보러 와서는 아기 뇌가 혹에 영향받지 않은 사실에 놀라워했어요.

처음 진료를 받은 날, 아기에겐 틀림없이 장애가 있을 테지만 얼마나 심각할지는 알 수 없다는 말을 들었지요. 결국 의사들이 틀렸어요. 제가 긍정적인 생각을 해서 임신을 포기하지 않을 용기를 얻었을 뿐 아니라, 제 아기도 합병증 없이 건강하게 자랄 힘을 얻은 것은 의심할 여지가 없어요.

생후 5개월이 되었을 때, 스칼렛은 물혹을 떼어내는 작은 수술을 받은 후 정상적인 발육을 보이며 자라고 있답니다.

스칼렛을 건강하게 하고 제게 힘을 준 시크릿에 매우 감사합니다. 스칼렛을 볼 때마다 너무나 건강한 모습이 믿기지 않아요! 기적은 일어날 수 있답니다!

– 영국 런던에서, 에밀리 *Emily*

믿음이 있었기에 프란시스의 아들 카일도 살아남을 수 있었다. 카일은 심장에 구멍이 난 채 미숙아로 태어났다.

카일의 심장

제 아들 카일은 9주 일찍 태어났어요. 너무 작았지만 매우 강인했어요. 제가 분만실에 들어가자 의료진이, 아기의 폐가 아직 발달하지 않아서 태어날 때 울지 않을 거라고 미리 알려줬죠. 하지만 몇 분 후에 울음소리가 들려서 물어봤어요. "무슨 소리죠?" 간호사가 대답했어요. "아드님 소리예요." 남편이 나중에 말하길 분만실 밖에서도 아기 울음소리가 들렸다고 했어요.

카일이 건강을 되찾기까지는 긴 여정이었어요. 매일 저는 아이의 체력과 정신력에 놀랐어요. 아들은 생후 5주 만에 아무 이상 없이 퇴원할 수 있었어요! 의사들이 회복 속도가 빨라서 놀랍다고 말할 정도였죠!

하지만 안타깝게도 카일은 두 살 무렵 심장에 구멍이 발견돼 치료해야 했어요. 의사들은 구멍이 커서 저절로 메이지는 않을 거라고 했죠. 아이는 심장 절개 수술을 받아야 했어요.

이모가 제게 카일의 심장이 메이는 모습을 시각화하라고 하셔서 매일 이렇게 말했어요. "카일은 심장이 건강하다! 카일은 심장이 건강하다!" 저는 매일 반복적으로 시각화하면서 주문을 외웠어요.

수술 전 검사를 받으러 카일을 병원에 데려갔을 때, 심장 전문의가 통상적인 검사와 심전도 검사, 심장 초음파 검사를 했는데, 구멍이 이미 50퍼센트 이상 메이어 있었어요. 심장 절개 수술을 하지 않고 대체치료법을 사용할 가능성이 보여 수술이 6개월 미뤄졌지요. 제가 꾸준히 아이의 심장이 건강하다고 시각화했더니, 6개월 후엔 구멍이 훨씬 많이 메이었어요.

한 번 더 의사는 "지켜봅시다"라고 말했죠. 우리는 기다리면서 카일이 무럭무럭 자라는 모습을 지켜봤어요. 방 안을 걸을 때도 숨이 차서 호흡을 고르느라 속도를 줄이던 아들이 전속력으로 뛰어다니고 있었어요. 저는 계속 시각화했고 믿었습니다.

마지막으로 진료받던 날에, 늘 하던 검사가 모두 끝난 후에 심장 전문의는 진료실로 성큼성큼 들어오더니 말했어요. "카일을 여기서 다시는 보지 않았으면 좋겠네요. 구멍이 다 메이었어요." 의사가 엑스레이를 보여줬는데 정말 구멍이 메이어 있었어요. 이건 엄청난 기적이라고 하더군요. 그렇게 큰 구멍이 그렇게 단기간에 메이는 사례를 본 적이 없다고 했어요.

시크릿의 힘 덕분에 제 아들은 정말로 새 삶을 받았답니다.

– 미국 펜실베이니아 주 도일스타운에서, 프랜시 *Franci K.*

당신은 건강이 위태로운 와중에도 어떻게 긍정적인 결과가 올 것이라고 굳건하게 믿을 수 있는지 궁금할 것이다. 이 이야기들이 보여주듯, 인간 정신의 의지와 힘은 어떤 부정적인 사건이나 상황보다 강하다.

애완동물 치유하기

우리가 자신이나 자녀들을 치유할 때 사용하는 시크릿 연습이라면 무엇이든, 심지어 애완동물에게도 사용할 수 있다. 남들이 다른 길을 가겠다고 할 때 남들의 경험을 무시할 수 없는 인간과는 달리, 동물들은 긍정적인 생각과 감정을 매우 잘 받아들인다.

거대한 종양이 사라졌어요!

제가 사랑하는 독일산 셰퍼드가 열 살이 됐을 때, 수의사가 자몽만 한 커다란 종양을 개의 간에서 발견했어요. 저는 막 이혼을 했고 이사를 하려던 참이라 당황할 여유조차 없었어요. 그 당시엔 시크릿을 몰랐기 때문에, 종양을 치료하려고도 하지 않은 채 그냥 관심을 두지 않았어요.

새집을 찾아 정착하는 데 몇 달이 걸렸죠. 그런 후에야 동네 동물병원에 독일산 셰퍼드를 데리고 가서 검사를 받았어요. 종양에 관해서는 말하지 않았어요. 처음 검사했던 수의사가 틀렸기를 바랐어요. 하지만 새 의사도 똑같이 말하더군요. 커다란 종양이 개의 간에 있다고요. 수의사는 정확히 어떤 종류의 암인지 알아내려면 검사를 더 할 수도 있다고 말했지만, '악성' 종양이라는 것이 너무나 뻔해 보였고, 우리 개는 보통 8년에서 10년인 독일산 셰퍼드의 평균 수명을 이미 넘겼기 때문에 검사가 별 의미 없다고 생각했죠. 저는 개에게 별 도움이 되지 않는 수술은 시키지 않을 생각이었어요.

그러다 저는 시크릿을 발견했고, 곧장 취직했어요. 우리 개에게 매일 밤 씻은 듯이 나을 거라고 말해줬어요. 종양이 사라졌다고는 말하고 싶지 않았어요. 종양을 전혀 언급하지 않아야 한다는 걸 알았으니까요. 처음에는 긍정적으로 말하는 법을 생각해내기가 어려웠습니다. 그래서 고민 끝에 강아지에게 모든 장기가 제대로 작동하고 소화 기관이 원활히 기능한다고 말하기 시작했어요. 또 완전히 건강하다고도 말했죠. 가슴속으로 우리 개가 치료됐다는 걸 알고 있었어요.

매일 밤 개에게 이렇게 말했고, 낮에도 생각이 날 때마다 말했어요. 걱정은 전혀 하지 않았죠. 부정적인 생각은 조금도 없었으니까요. 저는 우리 개가 치료되었다고 전적으로 확신했어요.

그러곤 넉 달 후에 다시 동물병원에 갔어요. 수의사는 개를 진찰하더니 다시 확인하고 또 확인했어요. 의사는 믿을 수 없는 일이라고 말했어요. 종양이 완전히 사라졌거든요. 어떻게 했는지 제게 물어보더군요. 저는 기도했노라고 말씀드렸어요. 그것만이 이 모든 상황을 이해시킬 수 있는 설명이라고 생각했어요. 수의

사는 메모지에 '기도'라고 쓰기까지 했습니다.

– 미국 캘리포니아에서, 루신다   *Lucinda M.*

루신다는 확언이 효과가 있으려면 개에게 '마치' 완전히 건강한 것처럼 말해야 한다는 것을 이해했다. 종양에 초점을 맞추면 종양에 힘만 실어줄 뿐이다.

당신은 삶의 길을 어둠에서 빛으로, 또는 부정에서 긍정으로 바꿀 수 있다. 당신이 긍정에 초점을 맞출 때마다 더 많은 빛을 삶으로 가져오고, 그 빛이 모든 어둠을 몰아내리라는 것을 알게 될 것이다. 감사, 사랑, 친절한 생각, 친절한 말과 행동은 밝은 빛을 가져오고 어둠을 제거한다. 당신의 삶을 긍정의 빛으로 가득 채워라.

『시크릿 데일리 티칭』 중에서

최선을 다해 믿기

어느 날 열두 살 먹은 우리 귀염둥이 코커스패니얼이 음식을 거부했어요. 전엔 한 번도 하지 않던 행동이었죠. 게다가 물을 마시기조차 힘들어서 삼키질 못하고 입에서 그냥 흘러나오는 것 같았어요.

강아지를 데리고 동물병원으로 가서 대기실에서 기다리고 있을 때, 강아지 입에서 피가 솟구치기 시작했어요. 급히 검사실로 옮겼고, 수의사는 진료하려면 마취를 시켜야 한다고 했죠. 나이를 고려해보건대, 썩은 이빨에 종기가 생겼을 수 있다고 했어요. 저는 동물병원에 녀석을 남겨둔 채, 퇴원하는 날 데리러 가겠다고 약속했습니다.

그런데 충격적인 전화가 왔습니다.

수의사였어요. 강아지가 수술대 위에 있는 동안 전화를 했더라고요. 혀 안에서 자라고 있는 커다란 종양을 찾았고, 혀 밑에서도 하나 더 발견했다는 내용이었습니다. 가슴에는 혹도 하나 있다더군요. 의사는 종양이 매우 공격적인 형태의 암이므로 강아지를 마취에서 깨우지 않고 그대로 잠들게 하는 편이 그나마 해줄 수 있는 가장 큰 배려라고 했어요.

저는 몹시 당황했고 무서웠어요. 그러나 확실한 진단도 받지 않은 채 강아지를 잠들게 할 순 없었지요. 저는 수의사의 권유를 따르지 않고 그에게 모든 종양의 조직검사를 하고, 필요한 치과 치료도 해달라고 부탁했어요. 병원에서는 제가 요구한 대로 해주면서도 저를 내내 불편하게 했어요. 마치 제가 쓸데없이 강아지를 고통스럽게 하고 있고, 치과 치료는 청구서 금액만 올릴 뿐이라는 듯 말이죠. 어차피 우리 개는 길어야 2주밖에 못 살 텐데 치과 치료를 해봐야 효과도 제대로 느낄 시간이 없다면서요.

개를 데리고 집으로 왔을 때 온 가족이 충격에 빠졌습니다. 그날 밤 개가 너무 고통스러워해서 저는 잠깐이지만, 정말로 제가 이기적이었다고 생각하며 제 결정을 후회했었어요.

바로 그때 저는 시크릿의 가르침이 생각났어요.

그 시점부터 저는 몸의 온 신경을 곤두세워 강아지가 감염도, 암도 없고, 괜찮을 것이라고 믿는 데 모든 에너지를 쏟아부었어요. 시간이 날 때마다 반복적으로 강아지를 낫게 해주시고 예전 모습으로 돌아오게 해주신 것에 감사했어요. 실제로 그렇게 믿은 나머지 사람들에게 강아지가 건강을 되찾고 있다고 정말로 말했다니까요!

우리는 며칠 후에 검사를 받으러 다시 동물병원에 갔어요. 병원에서는 제게 진통제와 항생제를 주면서, 개를 편안하게 해주는 것 말고는 더 해줄 치료가 없다고 하더군요. 그다음 주 내내 저는 우리 개가 치료되었다고 진심으로 믿었고, 다른 결과는 생각조차 하지 않았어요.

마침내 수의사에게서 조직검사 결과를 알려주는 전화가 왔어요. 의사는 완전히 충격을 받았는데, 모든 검사에서 암 음성 반응이 나왔던 거예요.

수의사는 아마 암세포를 놓친 게 분명하다고 말했지만, 조직검사 세 건에서 모두 음성이 나온 것은 우연일 리가 없었어요. 제게 검사 결과는 요행이나 부정확한 결과가 아니었죠. 무엇보다도 강아지 이빨 중에서 썩었거나 뽑아야 하는 이가 하나도 없었어요!

저는 매일 우주에 강아지를 건강하게 해주셔서 감사하고, 모든 것이 절망적이던 그 끔찍한 날에 수의사의 말을 듣지 않게 해주셔서 감사하다고 말합니다!

– 영국 버크셔 주 애스콧에서, 제인 *Jane J.*

행복이 건강의 묘약이다

만약 당신이 지금부터 대부분 관심을 행복한 생각에 기울이리라 결심한다면, 몸을 정화하는 과정을 시작한 것이다. 그 행복한 생각들이 당신이 몸에 줄 수 있는 가장 큰 건강 증진 효과를 제공할 것이다.

왜 행복하지 않은지 그 핑계는 끝없이 많다. 하지만 당신이 "……하기만 하면 행복할 거야"라고 말하면서 행복을 미룬다면, 남은 평생 행복을 미룰 뿐 아니라, 몸의 건강도 축내게 될 것이다. 행복은 당신 몸에 기적과 같은 건강의 묘약이니, 이제 핑계는 그만 대고 지금 행복을 느껴라!

감정과 생각의 균형을 맞추며 사는 것이 더없이 행복한 삶을 사는 방법이다. 당신의 감정과 생각이 조화를 이룰 때, 당신의 몸도 완전한 조화를 이룰 것이다. 당신의 삶도 마찬가지다.

『시크릿 데일리 티칭』 중에서

건강해지는 비결

☞   한때 불치병이라고 불리던 병들도 치료되고 있다. 희망이 없는 질병은 없다.

☞   생각을 통한 치유는 전통적인 의학과 조화를 이루어 효과를 보일 수 있다.

☞   당신이 건강한 모습을 상상하고 느낄 수 있다면, 건강을 선물로 받을 수 있다.

☞   당신이 건강에 관해 부정적인 믿음을 갖고 있다면, 건강해지기 위해선 우선 생각을 바꿔야 한다.

☞   행복하다고 생각해라. 행복한 말을 해라. 그리고 자신이 완전히 건강하다고 상상해라.

☞   눈앞에 어떤 현실이 나타나더라도 당신은 바꿀 수 있다. 하나의 긍정적인 생각으로 시작해 또 다른 생각으로 이어가라.

✎ 몸과 마음을 건강하게 유지하려면 부정적인 생각을 믿지 마라. 그 대신 아름다움, 사랑, 감사와 즐거움 같은 긍정적인 생각으로 마음을 돌려라.

✎ 건강에 관한 긍정적인 그림을 시각화하고, 당신의 몸과 마음에 흘러넘치게 하라.

✎ 행복은 당신 몸에 기적과 같은 건강의 묘약이다. 관심을 행복한 생각으로 돌려 몸을 정화하는 과정을 시작해라.

✎ 당신은 긍정적인 생각과 감정을 사용해 자신을 치료할 때와 마찬가지로 자녀와 애완동물을 치료할 수 있다.

당신이 원하는 특정한 일이 있지만 이룰 수 없다면,
우주가 당신에게 그 일이 별로 좋지 않고
당신의 꿈과 맞지 않는다고 말하는 것이다.
또 당신에게 더 좋고
더 가치 있는 일이 기다리고 있다고 말하는 것이다.

더 좋은 일이 다가가고 있으니,
이제 기대하시라!

『시크릿 데일리 티칭』 중에서

나는 일을 위해
어떻게 시크릿을 이용했나

모든 시크릿 법칙과 실천을 사용하면 당신이 원하는 것은 무엇이든 삶으로 가져올 수 있다. 따라서 상황을 바꾸거나 벗어날 수 없는 막다른 직업은 없다. 당신이 부술 수 없는 유리 천장도 없고, 절대 이룰 수 없는 꿈의 직장도 없다.

긍정적인 생각에 집중하고, 부정적인 생각은 무엇이든 무시해라

삶의 환경이 원하는 대로 되어가지 않으면 좌절하고 우울해지기 쉽다. 하지만 당신도 이제 알다시피, 또 전 세계 많은 사람이 배웠다시피, 부정적인 생각은 항상 부정적인 환경을 끌어당긴다. 그와는 반대로 당신이 원하는 어떤 것에 초점을 맞추고 그 초점을 유지하면, 당신은 우주에서 가장 강력한 힘으로 당신이 원하는 것을 소환하는 순간을 맞게 될 것이다.

다니던 직장에서마다 괴롭힘을 당했어요

수년간 저는 마음에 드는 일자리가 없어 점점 더 화가 났어요. 항상 최악의 고용주만 만나는 것 같았죠. 모두 신의 잘못이라고 여기면서 신에게 화를 내면 낼수록 더 나쁜 일들만 생겼고, 그래서 신을 더 미워했어요.

제가 전자 예비 인쇄를 하는 지역 인쇄소에서 일하기 시작했을 때도 이 직장이 다른 직장들과 똑같을지, 아니면 '이곳'은 좀 다를지, 늘 하던 습관대로 둘러보면서 파악하려 했죠. 제가 보기론 같이 일할 사람들이 모두 괜찮았어요. 사실 직장 생활을 즐기면서 동료들, 상사들과도 잘 어울렸죠. 하지만 일을 시작한 지 석 달 후에, 인쇄소가 디지털 인쇄 분야로 진출하기로 결정하면서 제게 새로운 디지털 인쇄소에서 전자 예비 인쇄를 맡아주겠느냐고 묻더군요. 저는 대답했어요. "물론이죠. 갈게요."

회사는 누구와도 어울리지 못하는 사람을 제 상사로 앉혀놨지요. 상사는 제가 점심 먹으러 나가면 제 의자에 짓궂은 메모를 붙여놓고, 수없이 나를 비난하면서 저를 괴롭혔어요.

사연은 길지만 간단히 말하자면, 저는 6개월 후에 회사에서 해고당했어요.

죽고 싶었어요. 다 끝났다고 생각했어요. 사는 게 지긋지긋했습니다. 신이 위에서 저를 비웃는 모습이 보이는 것 같았어요. 그렇게 제 인생이 싫었던 적이 없었습니다.

친구에게서 「시크릿」 DVD를 선물받은 후, 처음으로 저는 선택했던 직장마다 괴롭힘을 당했던 현실은 모두 제가 만들었었다는 것을 깨달았어요. 그제야 모든 일이 이해가 되더군요.

저는 이렇게 생각했었어요. '그가 다시는 내게 그렇게 말하지 않았으면 좋겠어. 왜 항상 같이 일하는 동료가 회사에서 가장 상대하기 어려운 사람들이지? 난 아직도 많이 부족해. 해고당하지 않았으면 좋겠다. 회사 사람들이 내가 무슨 일을 하는지도 모르고 있다는 걸 몰랐으면 좋겠다. 내가 실력이 없다는 걸 들키지 않았으면 좋겠다.……' 그 생각들은 제가 마음속에 계속 품고 있던 수많은 부정적인 생각 중 '일부'에 불과했죠.

제가 품고 있던 생각을 다 써봤어요. 부정적이고 못난 생각을 하나하나 들여다보다가, 뒷면에 그와 반대되는 긍정적인 생각들을 썼습니다. 처음에는 기분이 더 나빠져서, 이번엔 긍정적인 생각을 질문과 바람으로 말을 바꿔 써봤어요. '내가 편안하고 인격이 훌륭한 사람과 함께 일하게 된다면 기분이 어떨까? 지금껏 번 돈보다 더 많은 돈을 벌 수 있다면 기분이 어떨까? 언젠가는 출판사에서 일하면 좋겠다. 그러면 정말 멋질 텐데. 나는 ___일[날짜를 채워 넣었어요]에는 출판사에서 일하고 있었으면 좋겠다.'

제가 날짜를 써넣었던 바로 그날, 출판사에서 면접을 보러 오라는 전화를 받았고, 결국 취직했습니다. 지금은 거기서 일하고 있진 않지만, 동료들은 제가 본 사람 중 가장 편안하고, 이해심 많고, 인격이 훌륭한 사람들이었죠. 정말 그런 회사는 어디에도 없을 겁니다.

그리고 물론 저는 과거에 벌던 돈보다 더 많은 돈을 벌었지요.

제가 아직도 두려운 생각을 하고 있을까요? 제가 아직도 사람들의 비위를 맞출까요? 아닙니다. 그럴 필요가 없다는 걸 알고 있으니까요. 전에는 제게 선택권이 있다는 걸 몰랐어요. 이젠 부정적인 생각이 떠오르면 그 반대 생각에 집중하거나, 너무 엄청난 일이라 그 순간에 와 닿지 않으면 긍정적인 생각을 질문으로 바꿔봅니다. '만약 ……한다면 기분이 어떨까?' 그것이 제겐 매우 강력한 도구가 되었습니다.

물론 이런 실천을 완벽하게 해내지는 못합니다. 인정하고 싶진 않지만 가끔은 몇 발짝 물러날 때도 자주 있어요. 하지만 지금 저는 작은 사업을 운영하고 있고, 과거에 벌던 돈보다 더 많이 벌고 있지요. 사업은 빠르게 성장하고 있어서 다음 단계로 확장을 고려하는 단계에 있습니다.

모두 제가 썼던 방법을 시도해봤으면 좋겠어요. 정말 효과가 있거든요. 만약 당신에게 효과가 없다면 이렇게 물어보세요. "그것이 정말로 효과가 있다면 기분이 어떨까?" 그러면 틀림없이 효과가 있을 겁니다.

– 미국 플로리다 주에서, 아네트 *Annette*

끌어당김의 법칙이 효과가 없다고 말하면 안 된다. 그것은 항상 작동하고 있기 때문이다. 당신이 원하는 것을 갖고 있지 않다면, 끌어당김의 법칙을 사용해 지금 효과를 보고 있다. 당신이 원하는 것을 갖고 있지 않다고 생각한다면, 원하는 것을 갖고 있지 않다는 사실을 창조하는 셈이기 때문이다. 당신은 지금도 창조하고 있고, 끌어당김의 법칙은 지금도 당신에게 응답하고 있다.

만약 당신이 이것을 이해한다면, 당신이 지닌 놀라운 힘을 원하는 것을 끌어들이는 쪽으로 되돌릴 수 있다.

『시크릿 데일리 티칭』 중에서

무엇이 당신을 믿게 할 수 있을까요?

대학을 졸업한 후에, 취직하려고 몇 달을 고군분투했습니다. 『시크릿』을 여러 번 읽었고 영화도 봤어요. 『시크릿』 덕분에 제 사고방식은 완전히 바뀌었고 삶에 관해서 더 나은 관점을 갖게 됐지만, 우주로부터 가장 받고 싶었던 직장을 이미 받았다고 믿는 일은 여전히 힘들었어요.

몇 주째 응답도 받지 못한 채 입사지원서를 수없이 보내고 있던 어느 날, 저는 어떤 통찰력을 얻었답니다. 매우 낙관적인 자세를 잃지 않으려 애쓰면서 매일 제가 가진 직업에 감사한다고 일기에 쓰고 있었지만, 정말로 이미 취직한 것처럼 행동하거나 생각할 순 없었어요.

집에 가만히 앉아서 지원서를 제출하면서 좋은 직장이 내게 오길 바라기만 해서는 일이 잘될 리가 없다는 걸 깨달았어요. 제 생각과 행동을 통해 자신에게 항상 직장을 찾을 거라고 말하고 있었으니까요! 저는 마치 고용된 것처럼 살아야 했다는 걸 이해했어요.

그래서 아침에 출근하는 사람들처럼 아주 일찍 일어나기 시작했어요. 매일 일자리를 찾으면서 일기장엔 직업이 오고 있어서 얼마나 고마운지 쓰는 대신, 직장에서의 하루하루가 순조롭고, 제가 일하는 직장과 같이 일하는 사람들이 사랑스러워서 얼마나 고마운지를 썼습니다. 주중에 입고 출근할 의상도 미리 준비해놓고, 월급 받을 통장도 마련했어요.

취직한 친구들이 퇴근한 후 같이 어울릴 때, 친구들의 직장과 업무에 관해 이야기를 들으면서도 예전처럼 질투가 나거나 자신이 무능하다고 느껴지지 않았어요. 저도 곧 취직할 것을 알았기 때문에 불쾌하게 느낄 이유가 전혀 없었죠. 저는 타이핑과 컴퓨터 기술도 더 배우고 연습했어요.

그러자 곧 제가 취직을 했고, 지켜야 할 스케줄이 있는 것처럼 정말로 믿어지고 느껴졌어요.

취직한 '척' 행동하기 시작한 지 약 2주 후에, 누군가 제게 딱 맞는 일자리를 알려 줬어요. 면접을 보러 가기도 전에 저는 취직할 것을 알았고, 정말로 취직을 했답니다!
새 일자리에 관해 가장 놀라운 부분은 제가 일기장에 썼던 조건과 거의 정확히 들어맞았다는 거예요. 지금은 매일 하루가 어떻게 되어가면 좋겠는지를 쓰는데, 항상 효과가 있어요.

시크릿에 정말 감사해요. 제가 시크릿의 가르침을 배우지 못했더라면, 어떤 상황이 일어나기도 전에 믿어야 한다는 사실을 몰랐을 테고, 그러면 지금처럼 살지 못했을 거예요.

– 미국 뉴욕 주 롱아일랜드에서, 케이트 *Kate*

처음에 케이트의 행동은 그녀의 소망과 부합하지 않았고, 그래서 사실 그녀는 원하는 것이 오는 길을 스스로 가로막고 있었다. 일단 그녀가 취직한 척 행동하기 시작하자 그녀는 실제로 믿기 시작했고, 일단 그것을 믿자 일자리를 받을 수 있었다.

아무것도 남지 않았을 때도 당신에게는 시크릿이 있어요!

제가 너무나 좋아했고 월급도 두둑했던 직장에서 정리 해고된 후, 다시 전임 일자리를 찾을 때까지는 길고 우울하며 고통스러웠던 15개월을 보내야 했습니다. 그 일자리도 제가 받던 임금의 절반 정도만 받는 완전 초보 수준의 일이라서, 저는 자격 요건에 너무 과분한 사람이었죠. 맘에 들진 않았지만, 좋은 일이 생기리라 생각하면서 4년이나 버텼어요. 얼마나 잘못된 생각이었던지요.

'고마워하고 풍파를 일으키지 마라'가 제 주문이었어요. 직장에서의 매 시간이 싫었지만, 감정을 숨기는 방법을 터득하고, 회사 내에서 다른 길이 열릴지도 모른다는 한 가닥 희망을 붙잡고 있었지요.

마침내, 75군데도 넘게 일자리에 지원했지만 면접을 보러 오라는 전화는 다섯 통뿐이었고, 일자리 제안을 받은 곳이 전혀 없어서 이젠 끝이구나 싶었어요. 어느 날 저는 삶이 나에게 오게 하는 것을 멈추고, 나를 위해 상황이 일어나게 하기 시작했어요!

저는 시크릿의 세계로 들어갔어요! 1년 전에 『시크릿』을 읽었지만, 곰곰이 생각하고 마침내 사용하기로 마음먹기까지 1년이 걸렸어요. 일기장을 만들어 꿈에 그리던 직장에 관해 적어두었고, 주중에 일하는 동안에도 썼어요.

저는 『시크릿』에서 배운 조언을 모두 사용해 제가 만든 세계에 흠뻑 빠져들었습니다. 감각을 모두 활용해서 매일 그 세계 속에서 살았죠. 제 사무실이 보였고, 제 컴퓨터 키보드를 만졌어요. 커다란 마호가니 책상에서는 광택제의 레몬 향이 났어요. 팀원들과 나누는 대화가 들리기도 했는데, 저는 심지어 팀원들의 성과 이름, 신체적 특징과 성격까지 다 정해놓았죠. 점심시간에 먹었던 카르네 아사다 타코의 맛을 음미하기도 했어요. 회의에도 참석했고 발표도 했어요. 제가 정말 거기 있었어요! 정말로 거기에 있었다니까요!

그러자 우주가 상황이 일어나게 하기 시작했죠. 전 면접 제안을 더 많이 받았어요. 그리고 2차 면접도 봤어요! 그러다 마침내, 제가 원했고 즐겁게 일할 직장두 곳에서 제안을 받았고, 그중에서 한 곳의 제안을 수락했답니다!

시크릿의 교훈: 믿어라! 느껴라! 보아라! 만져라! 그 삶을 살아라! 그리고 기대해라!

– 미국 인디애나 주에서, 켈리 Kelly

켈리는 자신이 살고 있던 삶과 정반대의 삶을 실현하는 데 전념했다. 그는 모든 감각을 동원하여 자신이 원하는 직장의 모든 관점을 시각화했고, 마침내 정말로 그 삶을 살고 있다고 믿었다. 그 일 초 일 초가 바로 당신의 삶을 바꿀 기회라고 증명하는 확실한 증거다.

> *만약 당신의 삶이 순조롭지 않다면, 잠깐 멈춰서 당신의 생각과 감정을 의도적으로 바꿔라. 삶이 물 흐르듯 순탄하게 가고 있다면, 하고 있던 일을 계속해라.*

> *『시크릿 데일리 티칭』 중에서*

'어떻게' 이뤄질지는 당신이 신경 쓸 일이 아니다

당신이 삶으로 불러오고 싶은 다른 것들처럼, 어떻게 꿈에 그리던 직업이나 직업을 얻을 기회를 받을 것인지는 당신이 걱정할 일이 아니다. 우주는 모든 사람과 환경, 사건을 움직여서 당신이 준비하기에는 불가능할 조합을 만들어 당신의 소망을 실현할 것이다. 그러니 당신이 요구한 것을 어떻게 받을지는 잊고, 대신 마치 그것을 가진 듯 느껴라.

스물다섯에 제 책을 출판했어요!

「시크릿」을 본 후, 저는 목표를 죄다 종이에 적어서 책상 위에 붙였어요. 일곱 가지 주요 목표 중 하나는 대형 출판사에서 시집을 출판하는 일이었어요. 「시크릿」을 보고 두 달 동안 저는, 시집이 출판된다면 기분이 얼마나 황홀할지를 떠올리며 시각화했어요.

제가 어떻게 해낼지 몰랐다는 사실을 명심하세요. 그냥 해낼 줄 알았어요. 저명한 시인들도 시집 형태로 자기 시가 출판되리라는 희망이 보이지 않았다면, 시집에 있는 대부분 시를 유명한 잡지에라도 발표했을 거라고 말합니다.

저는 그렇게 생각하고 싶지 않았어요. 그냥 제 책이 출판될 것이고, 1년 안에 반스앤노블 서점 책꽂이에 꽂혀 있을 거라고 믿었어요.

시각화를 시작한 지 2주 만에, 유명한 언론사 편집자에게서 이메일을 받았습니다. 그는 제가 두 달 전에 보냈던 원고를 완전히 까먹고 있다가 그제야 검토하고 있다고 말하더군요. 저는 어안이 벙벙했어요!

그래서 저는 책 표지로 원하던 그림을 출력해서 앞면에 책 이름을 썼어요. 감사의 글에 고마운 사람들을 나열했고, 편집자가 제 시집의 출판을 수락한다고 제게 보내는 메일을 써서 침대 위에 붙였어요. 좋은 소식을 받을 때 제가 무엇을 할지를 꾸준히 시각화했어요. 수업에 가서 샴페인을 터트리는 모습, 부모님께 전화하는 모습을 그렸죠. 좋은 소식을 받을 때, 내가 보낼 축하 파티 초대장도 더 사인했어요. 학생들 몇 명에게는 제 시집이 이미 출판되었다고도 말했죠.

곧 낯선 지역 번호로 걸려온 전화를 받았어요. 언론사 편집자가 말하길, 제 시집을 출판하고 싶다고 하면서 계약서와 더 자세한 정보는 가능한 한 빨리 보내주겠다더군요. 시크릿은 효과가 있었어요!!!

– 미국 뉴욕 주에서, 마리아 *Maria*

당신이 뜨거운 양철 지붕 위에 있는 고양이처럼 안절부절못하면서 소원이 어떻게 이루어질지에 간섭하고 싶다면, 이렇게 생각해봐라. 우주가 당신의 소원을 '어떻게' 이룰지에 당신이 한 걸음 다가간다면, 창조 과정을 취소하는 것이다. 왜일까? 당신의 행동이 당신이 원하는 것을 갖고 있지 않다고 말하는 셈이고, 그러면 원하는 것을 갖지 못한 상태를 계속 끌어당길 것이기 때문이다.

마리아는 시집을 출판한 시인이 되겠다는 그녀의 꿈이 어떻게 이뤄질지 몰랐지만, 현명하게도 이미 일어난 일인 것처럼 행동하는 매우 구체적인 방법을 사용했다. 그것이 바로 꿈이 실현되는 속도를 높여주는 행동들이다!

희망

저는 오랫동안 자기계발서를 연구해왔습니다. 수년간 책에서 배운 것을 모두 시도해봤지만, 딱 이거다 싶은 방법은 없었습니다. 그러다 몇 년 전에 『시크릿』을 발견했는데, 그 책엔 제가 수년간 배웠던 모든 것이 들어 있었고, 이해하고 적용하기 매우 쉽게 쓰여 있더군요.

『시크릿』은 제겐 빠진 고리와 같았어요. 구하라, 믿어라, 그리고 받아라. 바로 '그거'였어요! 그것이 가장 필수적인 요소였고, 교훈을 매우 간결하게 와 닿게 해주었죠. 기가 막히게 좋았어요.

『시크릿』을 발견했을 때 저는 끔찍한 결혼생활과 앞이 캄캄한 직장생활을 견디던 중이었어요. 시도하는 일마다 실패하는 것 같았지만 이유조차 알 수 없었어요. 항상 자신을 긍정적인 사람으로 평가했고, 자기계발서 전문가라고 자처했으니까요.

제가 시크릿을 인생의 모든 영역에 적용하기 시작하자 당장 더 나은 방향으로 바뀌는 모습이 보이기 시작했어요.

처음으로 바꾸었던 것은 직업이었죠. 20대엔 전문 배우였지만, 서른에 아이가 생기자 '진짜 직장'을 얻었습니다. 비참한 기분이 들었지만 그래야 한다고 생각했어요.

『시크릿』을 읽은 후에 저는 월급이 많은 '안정적인' 직장을 그만뒀습니다. 진짜
계획이나 전략도 없이, 그저 믿음만 갖고 연기를 향한 제 열정과 사랑에 걸맞은
일을 달라고 우주에 주문했어요.

석 달도 채 되지 않아 저예산 영화에서 작은 배역을 맡았습니다. 그로부터 여섯
달 이내에 배역이 두 개나 들어왔지요. 그래서 더 큰 주문을 요구하기 시작했
어요. 대출금과 생활비를 감당할 만한 큰돈이 생겨서 스트레스 없이 살기를 원
했죠.

그러다 제 삶을 바꾼 오디션에 가게 됐어요. 싱가포르에서 1년간 촬영해야 하는
역할이었죠! 저는 우주를 의심하지 않고 그냥 감사하다고만 말하면서 믿음을
붙들고 있었는데, 그 이후로 상황이 정신없이 펼쳐졌습니다.

저는 이제 끔찍한 결혼생활을 끝냈고, 전처와의 관계도 이전보다 좋아졌습니다.
아이들과 매우 가깝게 지내고 있으며, 아이들은 제가 보여주리라고는 상상도 못
했던 세계 여러 지역을 저와 함께 보고 있습니다.

저는 좋아하는 일을 하면서 돈도 벌고 있어요. 생활비로 들어갔던 돈을 이제는
고스란히 자신을 관리하는 데 쓰고 있죠. 멋진 고층 콘도에 살면서도 돈 한 푼 내
지 않으니까요. 제 월급은 지금껏 벌었던 돈보다 더 많지만, 근무시간은 전보다

몇 시간 더 줄었습니다. 일이 일처럼 느껴지지 않고, 전 세계를 돌아다니면서 촬영을 하죠.

저는 해마다 젊어지는 기분이 들고, 훨씬 행복하고, 스트레스도 거의 받지 않아요. 항상요!

저는 제가 이 모든 것을 이루리라고 정말로 믿지 않았던 사람 중 한 명이었습니다. 그런 일은 항상 '다른' 사람들에게나 일어났으니까요. 하지만 이젠 진심으로 믿는 사람이 됐어요.

제 삶에 이 모든 축복을 내려주신 우주와 론다에게 감사드리고 싶어요. 제가 이룬 물질뿐만 아니라 눈에 보이지 않는 감정적·정신적 축복까지도 모두 감사드립니다.

— 싱가포르에서, 대럴 *Darrell B.*

대럴은 소원이 '어떻게' 이루어질지는 전혀 몰랐지만, 결국 원하는 것을 모두 받았다. 다음 이야기에 나오는 롤랜드도 마찬가지다. 그들의 공통점은 자신이 원하는 것을 매우 분명히 알고 있고, 그것을 받으리라는 굳건한 믿음이 있었다는 점이다.

뜻이 있는 곳에 길이 있답니다!

저는 시크릿이 세상에 나올 수 있게 해주신 시크릿 팀에 진심으로 감사 인사부터 드리고 싶어요. 시크릿 팀이 없었다면 저 같은 사람들은 절대 시크릿의 원리를 발견할 수도 없고, 지금처럼 이용할 수도 없었을 겁니다.

저는 열두 살부터 드럼을 치기 시작했는데, 늘 LA에 살고 싶었고 전문적인 드럼 연주자가 되고 싶었어요. 음악을 직업적으로 연주해서 생계를 유지하는 음악가는 실제로 1퍼센트도 되지 않습니다. 어느 날 제 음악 인생이 어느 정도는 성공을 거뒀지만, 낮에 하는 본업 없이 음악만 했던 적은 한 번도 없다는 사실을 깨달았습니다. 저는 항상 LA와 같은 곳에 있는 듯한 기분을 느꼈습니다. LA는 음악과 음악 산업이 발전된 곳이고, 연중 95퍼센트는 날씨가 화창한 곳이지요.

나중에서야 깨달았지만, 저는 어느 정도 시크릿의 법칙을 사용하고 있었던 것 같아요. 돈 걱정을 해본 적이 한 번도 없었고, 돈이 필요할 땐 항상 있는 것 같았으니까요. 그러나「시크릿」을 본 후부터 전보다 더 강해졌어요. 오디오북을 사서 매일 듣기 시작했고, 지금도 최대한 많이 들으려고 해요. 시크릿의 모든 관점을 배워서 하나하나 적용하는 데 집중하고 있습니다.

석 달 전에 직장을 그만뒀지만, 마음속으로 옳은 일을 했다고 느꼈어요. 돈을 벌려면 무엇을 해야 할지 또는 어디로 갈지도 몰랐어요. 하지만 매우 편안함을 느껐고, 모든 일이 술술 풀려 저절로 해결될 것이라는 믿음이 있었어요. 그래서인지 임시직에 취직하게 됐는데, 두 달 후엔 만 달러도 넘게 벌었죠. 만 달러는 그전에 제가 벌던 돈보다도 많은 액수였어요. 그 일이 끝났을 땐, 다음에 무엇을 해야 할지, 다음 월급이 어디서 나올지 알 수 없었죠.

그때 LA의 유람선 운영팀으로부터 전화를 받았습니다. 유람선에서 보여줄 공연 프로그램을 새로 짜고 있는데, 우리 밴드를 쓰고 싶다고 말이죠. 우리는 LA에 있는 그 회사의 큰 프로덕션 스튜디오에서 일하게 됐습니다.

제가 해온 일은 늘 좋은 기분을 유지하고, LA에 살면서 음악가로 성공해 잘나가는 제 모습을 떠올린 것뿐이었어요. 모든 일이 한 번에 하나씩, 상상도 못 했던 방법으로 딱딱 들어맞고 있어요. 어떻게 시크릿이 작동하는지 대단히 놀라우면서도, 정말 이건 시작에 불과하다는 느낌이 들어요.

오디오북을 듣는 것만으로도 너무 행복하고 굉장히 기분이 좋아서 정말로 눈물이 흐르기도 하지요. 말로 설명할 수가 없네요. 시크릿으로부터 얻은 것이 삶을 바라보는 방식과 더 긍정적으로 생각하는 습관뿐일지라도, 그것만으로도 놀라운 선물일 겁니다. 그러나 제가 얻은 것은 그보다 훨씬 많았습니다. 다시 한번 감사드립니다.

— 캐나다 너나이모에서, 롤랜드 *Roland E.*

롤랜드는 시크릿을 배움으로써 원하는 직업을 끌어당기는 내면의 힘이 자신에게 있다는 사실을 깨닫게 됐다. 우리는 무엇이든 가지거나, 되거나, 할 수 있고, 한계란 없다. 우리는 '정말' 원하는 것이 무엇인지 알아내어 요구하기만 하면 된다.

가끔 우리에게는 원하는 것을 '어떻게' 얻을 것인지 궁금해할 만한 그럴싸한 이유가 있을지도 모른다. 다음 이야기의 주인공은 확실히 그랬다. 특정한 댄서 오디션의 자격 요건엔 그녀가 그 역할에 합격하기는 불가능하다고 명시되어 있었지만, 그녀는 직접 시크릿을 시험해보기로 했다!

대담한 오디션

저는 『시크릿』을 읽은 후 조금 의심스러웠다는 사실을 인정해야겠네요. 하지만 누군가 전화했으면 좋겠다, 또는 기차를 놓치지 않았으면 좋겠다는 바람처럼 작은 소원들로 시험해보리라 생각했어요. 그다음엔 실제로 그런 일이 일어났지만, 우연의 일치가 아니라는 확신이 들지 않아서, 더 큰 소원으로 시도해봐야겠다고 생각했죠.

제 에이전트가 광고에 출연할 여성 댄서를 뽑는 오디션이 있다고 전화로 알려줬어요. 그녀는 저를 보내고 싶어 했고 엄청난 기회였어요. 하지만 광고사는 백인 금발 댄서를 원했죠. 저는 흑인이고요. 에이전트가 왜 굳이 저를 보내고 싶어 하는지 궁금했지만, 어쨌든 나가겠다고 말했어요.

오디션에 대해 정말로 많이 고민하지도 않고 그냥 갔어요. 합격하지 못하면 실망하니까 이럴 땐 보통 안 가는 사람들이 많죠. 오디션장에 가보니 모두가 백인이었어요. 앉아서 기다리는 동안 제가 정말로 간절히 그 일을 원한다는 걸 깨달았어요. 그래서 이번이 시크릿이 효과가 있는지 확인할 절호의 기회라고 생각했죠!

저는 오디션에 합격해서 제 얼굴이 TV에 나오고, 사람들에게 축하 전화를 받는 모습을, 그리고 그 일이 다른 일까지 이어지는 모습을 상상하기 시작했어요.

제가 캐스팅 감독을 만날 차례가 되었을 땐, 자신감이 흘러넘쳤어요. 저는 심장이 터질 듯 춤을 추고는 자리를 떴어요!

집에 오는 내내 그 일을 생각했고, 집에 도착해서는 포스트잇에 광고 제품 이름을 쓴 다음 옷장에 붙여뒀죠. 그 일을 따내는 모습을 계속 상상하면서, 제가 뽑혔다는 소식을 들었을 때 어떻게 반응할지를 상상했어요.

다음 날 다른 일을 하고 있을 때, 에이전트에게서 전화가 왔어요. "좋은 소식이 있어요……." 말을 끝까지 들을 필요도 없었죠. 왜 전화했는지 알았으니까요. 제가 뽑혔어요!!! 너무 황홀했어요. 그 일은 내 거라고 자신에게 말했지만, 직접 들으니 더욱 놀라웠죠.

이제 저는 더 야심 찬 포부를 품을 수 있고, 정말로 제 미래를 통제할 수 있다는 사실도 알고 있어요. 그건 정말 신나는 일이죠.

– 영국 런던에서. R.

꿈에 그리던 월급을 창조하라

다음 이야기에서, 야나는 특정한 월급 액수뿐 아니라 특정한 직업을 상상했고, 바라는 것을 정확히 끌어당기기 위해 확언의 힘을 사용했다.

일자리

저는 제법 두둑한 월급을 받던 직장을 잃은 후 이 일 저 일 임시직을 거치다가 완전 실업자가 된 끝에, 드디어 시간당 10달러를 받는 시간제 일자리를 얻었습니다. 일을 시작한 지 겨우 이틀 만에, 제 근무 시간이 주당 20시간에서 10시간으로 반 토막이 났다는 소식을 들었습니다. 일주일에 100달러를 벌어서는 도저히 먹고살 수가 없었습니다.

그날 서럽고 허탈한 기분으로 직장에서 집까지 걸었습니다. 아파트에 들어서자 갑자기 「시크릿」을 보고 싶은 충동이 밀려왔어요. 그냥 가만히 앉아서, 정규직도 없고 돈도 없이 어떻게 먹고사나 걱정할 힘밖에 남지 않았는데도 말이에요. 「시크릿」을 본 후, 저는 일기장을 꺼내서 이렇게 확언을 썼습니다.

'조만간 나는 집에서 걸어 다닐 만한 거리에 있는 좋은 직장의 관리직으로 취직합니다. 이 직장에서 최소한 연간 3만 달러를 법니다. 같이 일하는 동료들은 명랑하고, 마음이 따뜻하며 협조적입니다. 내가 하는 일은 재미있고, 나는 동료들과 직장 상사에게 매우 인정받고 있습니다. 임금은 주 단위로 받고, 월요일부터 금요일까지 나는 직장에 제시간에 도착하거나, 조금 일찍 도착합니다. 매일 직장에 가는 일이 매우 즐겁습니다. 바로 지금도 내게 완벽한 새 직장을 실현해주려고 작동하고 있는 명백한 모든 과정에 감사드립니다.'

다음 날에도 계속 그 확언을 말했는데, 말하면서 즐거움이 '느껴'졌어요. 이 새로운 직장에 관해 생각할 때마다 흥분감이 밀려들었어요. 너무 신이 났어요!

그날 직장에 있는 동안 휴대폰이 계속 울렸어요. 연달아 세 통화나 놓쳤는데, 모두 같은 번호였고 몇 분 간격으로 걸려왔더군요. 휴식 시간에 메시지를 확인하고 나서야 그 전화가 몇 년 전에 등록했던 임시직 고용 센터 직원에게서 온 전화란 걸 알았죠.

전화하자 접수원이 말하길, 제게 딱 맞는 직장이 있고 바로 다음 날부터 출근해야 해서 제게 연락했다고 하더군요. 그 직장에서 제시한 급여는 정확히 제가 확언에서 요구했던 금액이었고, 위치가 어디냐고 물으니 집에서 도보로 5분 거리에 있는 디자인 회사라지 뭡니까. 그리고 무엇보다도, 그 일자리는 제가 원하던 정규직이었지요.

저는 확언을 쓰고 나서 이틀 만에 취직에 성공했고, 처음 출근한 날과 마찬가지로 오늘도 멋진 하루를 보내고 있습니다.

— 미국 메릴랜드 주 볼티모어에서, 야나 *Yana F.*

야나의 확언엔 마치 그녀가 취직한 것처럼 새로운 직장과 임금을 주셔서 감사하다는 마음이 들어 있다. 감사는 가난에서 부유함으로 당신을 데려다줄 다리다. 비록 수중에 돈이 많지 않더라도, 당신이 가진 돈에 더 많은 고마움을 느낄수록 더 많은 부유함을 받을 것이다. 또 돈에 관해 더 많이 불평할수록 더 가난해질 것이다.

두 배냐 빈손이냐

제가 언론사에서 근무하기 시작했을 땐 가족들이 엄청난 지원을 해줬고, 그 지원이 제 목표를 밀고 나갈 힘이 되었죠. 저는 월급은 적지만 장래가 유망한 지역 잡지사에 취직했습니다. 제 월급으로는 겨우 월세만 감당했고, 부모님이 한 달지낼 생활비를 대줬습니다.

그러나 여러 달이 지나면서, 아버지는 제 공과금을 대부분 내주다 지쳤고 마침내 지원을 끊기로 했습니다. 아버지가 더 독립적인 제 모습을 바라셨다는 걸 이해했지만 절망하기 시작했어요. 가족들을 행복하게 해주고 싶었고 독립할 정도로 돈을 많이 벌고 싶었어요. 그해가 끝나갈 무렵에 제 절망감은 우울증으로 변했고, 저는 약속받았던 임금 인상에 관한 희망도 포기했지요. 저는 나쁜 일들만 생기리라 예상했고, 그다음엔 어떻게 됐을까요? 제 예상에서 한 치도 어긋남 없이 나쁜 일들만 생기더군요.

우울증은 날로 심해져서 항상 짜증을 내기 시작했어요. 상황이 나쁘게만 보였어요. 이 모든 것에서 벗어나길 바라기만 했죠. 그러던 어느 날, 제 상황을 잘 알고 있던 친구 하나가 제게 「시크릿」을 알고 있느냐고 묻더군요. 제게 그 DVD를 주면서 그냥 한번 보라고 권했죠. 평소엔 자기계발서에 나오는 충고를 그다지 좋아하지 않았지만, 그날 밤엔 바로 봤어요. DVD에 나오는 모든 사람이 한 말이 내 이야기 같았어요. 저는 나쁜 생각을 하면서 제게 나쁜 일이 일어나게 하고 있었어요. 그날 밤엔 슬픔의 눈물이 아니라 기쁨의 눈물을 흘렸습니다. 제가 괜찮아질 거란 걸 알았어요.

그날 밤, 시크릿을 사용하기 시작했습니다. 좋은 생각, 부와 행복에 관한 생각을 하기 시작했어요. 살면서 한 번도 생각해보지 않았던 것들에 관해 우주에 감사하기 시작했죠. 예를 들면 좋은 건강, 친구들의 사랑, 심지어 제 직장까지도요.

12월 말에, 회사 부장님이 제 사무실로 전화해서 제 임금이 인상될 거라고 알려

줬지요. 인상 폭이 크지 않아서 한 달 생활비를 다 충당할 정도는 아니었지만, 매니저와 우주에 감사했어요. 요구하고, 믿고, 그래서 받는 과정이 시작되었다는 사실을 알았으니까요.

1월 초, 지금 생각하면 가능하다고 여겨지는 어떤 것을 우주에 요구했어요. 제 월급이 두 배가 되게 해달라고 요구했죠. 어떻게 이뤄질지는 몰랐지만, 그냥 그렇게 믿었어요. 우주가 즉시 응답하기 시작했어요. 우주가 응답하는 장면을 볼 순 없었지만, 마음속으로는 시크릿이 작동하고 있다는 걸 알았죠.

넉 달 후인 4월에, 저는 같은 회사 내에 있는 다른 잡지사로 발령받았어요. 그리고 어떻게 됐을까요? 그 직책의 월급은 당시 제가 받던 월급의 두 배였어요. 제가 믿었기 때문에 일어난 일이란 걸 알았어요. 그러자 생각했죠. '자, 한 번 효과가 있었다면, 다시 효과를 볼 수도 있을 거야.'

저는 다시 우주에 새로 받은 임금의 두 배를 요구했습니다. 믿기지 않겠지만 그로부터 넉 달 후에, 디지털 부서의 부장님이 제게 자기 팀으로 합류해달라고 부탁했습니다. 그렇다면 임금은 어땠을까요? 짐작하시겠죠, 당시 받았던 월급의 두 배였어요.

시크릿은 제 인생을 송두리째 바꿔놓았습니다. 한 해엔 삶이 걱정됐던 만큼 최악이었다가, 다음 해엔 제가 시각화하고 잘될 것이라고 믿은 만큼 삶이 좋아졌다는 사실이 믿기지 않았어요. 요즘은 매일이 선물입니다. 이제는 제가 특별하고 독특하다는 걸 알고 있어요. 우주는 제 친구이고, 제 생각에 반응하죠. 제 이야기는 시크릿이 정말로 효과가 있다는 증거입니다.

이제 여러분은 제가 우주에 임금의 두 배를 달라고 또 요구했는지 궁금하시겠죠? 아닙니다. 저는 행복과 풍부함을 달라고 부탁했고, 매일 그것을 받고 있어요.

– 케냐 나이로비에서, 앨런 Alan

앨런은 받고 싶은 것뿐 아니라 이미 받은 것에 대해서도 우주에 감사했고, 어떻게 소원이 이루어질지, 또는 어떻게 그 과정을 도울지를 걱정하지 않고 끌어당김의 법칙이 제 일을 하도록 내버려두었다.

환상의 조합

몇 년 전, 제가 일했던 작은 척추지압병원의 직원들은 환자 숫자가 점점 줄어들고 있어서 안타까워했습니다. 3년이 넘도록 임금이 인상된 직원이 아무도 없었죠. 뭔가 변화가 필요했어요. 우리는 우리 일을 사랑했지만, 물가가 오르고 있어서 모두 새 직장을 찾거나 부업을 하기 시작했어요.

어느 날 직원들은 의사들 없이 모여서 임금 인상 요구를 토의했습니다. 임금 인상을 가능하게 하려면, 먼저 목표를 세우고 의사들의 진료 스케줄을 가득 채워야 했습니다. 우리는 주간 목표와 월간 목표부터 시작했어요. 일단 이 목표가 달성되면, 지난 몇 년간 받아야 했던 임금 인상분의 25퍼센트는 메꿀 것으로 예상했지요. 하지만 무엇보다도 우리는 언제부터 인상된 월급을 받고 싶은지부터 정해야 했어요. 그래서 그날을 통상적으로 임금이 인상되는 시점인 10월 15일로 결정했죠.

우리는 계획을 실행에 옮겼습니다. '25퍼센트면 삶이 행복해진다!'라는 표어를 만들어 책상마다 붙여뒀어요. 매일 의사의 진료 스케줄이 빽빽해지는 데 집중했어요. 진료 스케줄이 다 차지 않으면 이렇게 말했죠. "기존 환자 열 명과 신규 환자 두 명이 더 왔으면 좋겠어." 그랬더니 정말로 전화가 울리기 시작했어요! 곧 의사들이 정신없이 바빠서 하루 진료가 끝날 땐 너무 피곤하다고 불평을 할 정도였어요.

10월 초, 직원들은 다시 모여서 우리 목표와 감사 목록을 확인했어요. 우리는 다음번 병원 정기회의가 우리 목표와 목표가 이루어진 과정을 발표할 좋은 시점이라고 생각했습니다. 회의 날, 모든 준비가 되었지만, 의사들이 논의할 안건이 너무 많아서 우리는 발표를 하지 못했습니다. 우리는 실망했고, 10월 15일이 이틀밖에 남지 않았는데도 계속 집중하면서 말했어요. "25퍼센트면 삶이 행복해진다!"

그러다 15일이 왔고 지나갔어요. 다음 월급날이 다가오고 있었고, 의사들이 우리 회계사와 만났죠. 며칠 후, 상사가 저를 보자고 하더군요. 저는 영문을 몰랐는데, 그녀의 첫마디는 우리가 일을 매우 잘했기 때문에 모두 임금이 인상될 예정이고, 임금 인상은 10월 15일로 소급 적용된다는 말이었어요. 한 명만 빼고 모두 25퍼센트 인상될 것이고, 한 명은 20퍼센트 인상된다고 했어요. 제가 의사에게 그동안 우리가 병원과 임금 25퍼센트 인상을 위한 목표를 세웠고 그 목표를 달성하려고 시크릿을 사용했다고 말할 땐 눈물이 차올랐어요.

우리는 직장을 지켰고, 돈을 벌었으며, 병원에서 사기를 올렸어요. 직원들은 지금도 모여서 시크릿을 사용해 개인적인 삶을 향상하고 있어요. 또 환자분들께도 언제든 병원에서 「시크릿」 DVD를 빌려 가라고 권하고 있답니다.

― 미국 워싱턴 주에서, 로레타 *Loretta*

두 명 이상의 사람들이 같은 소원을 끌어당기는 데 집중하면, 매우 강력한 힘을 발휘하는 것은 의심할 여지가 없다. 각자가 자신의 에너지와 믿음을 보탤 때 환상의 조합이 만들어지는 것이다.

로레타의 이야기에서 영감을 받아라. 당신이 팀을 이루어 일한다면, 모두에게 이로운 공동의 소원에 함께 초점을 맞출 수 있다. 당신이 함께 성취할 것이라고 상상만 하면 된다!

궁극적으로 당신은 원하는 것은 무엇이든 혼자서 창조할 힘을 갖고 있지만, 남과 힘을 결합할 때 믿음의 양을 거대하게 증폭시켜 아주 빨리 실현할 수 있다.

당신이 좋아하는 일을 해라

내가 하려는 이야기의 주인공들에게는, 하고 싶은 일을 하는 것이 가장 큰 소원이었다. 어떤 사람에게는 돈도 중요하겠지만, 꿈을 좇으면 우주가 필요한 돈을 갖다줄 것이라고 믿는 사람들도 있다. 다음에 나오는 댈러스의 사연이 이를 완벽히 증명하는 사례다.

2주 만에 새 삶이 왔어요

꿈같은 인생을 살다가 길거리에서 노숙한 지 2년이 되자, 저는 끌어당김의 법칙을 거의 포기했습니다. 모두에게 버림받은 느낌이었어요. 한겨울이었고 갈 데도 없어서 일자리를 찾아 전국을 떠돌았지만 운이 따르지 않았죠.

저는 끌어당김의 법칙을 사용해서 30일 만에 인생을 바꿀 수 있다는 말을 듣고, 마지막으로 그것을 시험해보기로 했어요. 『시크릿』을 읽고 듣는 것이 일과의 일부가 되었고, 들은 모든 것을 실행에 옮겼습니다. 소망이 얼마나 빨리 올지 저는 거의 몰랐습니다.

어떤 일이든 일자리가 필요했어요. 하지만 저는 자유롭고, 많은 결정을 내리는 핵심 위치에 있으며, 제 일에 고마워하면서 회사에 기여하고 회사를 키워갈 수 있는 일자리를 원했어요. 저는 일자리가 제게 오고 있다는 것을 '알았기' 때문에 무척 행복했습니다. 제가 그렇게 생각하는 한, 그렇게 되어야만 했습니다.

2주 만에, 우연히 누군가를 만나 저는 라디오 DJ로 취직했습니다. 7개월 후, 광고 수익을 20배나 올렸고, 구체적으로 예술가들이 CD 판매나 부업에 의존하지 않도록 기금을 마련하는 새로운 부서를 만들었습니다. 저는 장래가 유망한 예술가들을 관리하고, 예술가 연합을 만들어서 새로운 인재가 그 분야에서 성공할 수 있도록 지원했습니다.
현재는 공동 사업자와 함께 의류 상품을 개발하고 있습니다. 제 상사는 제 일에 만족하고, 저는 제가 바란 그대로 우리 방송국에서 최고의 DJ로 꼽히고 있답니다.

저는 지금 꿈꾸던 직장을 가져서 무척이나 행복하고 제 지위에 감사합니다. 좋은 일들이 계속 제게 오고 있고, 저는 항상 더 크고 좋은 꿈을 잡으려고 손을 뻗을 것입니다.

시크릿을 의심하는 분이 있다면, 저를 보고 믿으세요. 분명히 효과가 있습니다.

— 캐나다 매니토바 주 위니펙에서, 댈러스 *Dallas E.*

댈러스가 돈이 필요했더라도, 그가 주로 바란 것은 좋아하는 일을 하는 것이었다. 결과는 어땠는가? 그는 둘 다 얻었다!

우주가 당신이 가장 많이 원하는 것을 갖다줄 준비가 되었다고 느낄 때도, 의심이 슬슬 생기는 순간이 있을 것이다. 꿈을 따르려고 안정적인 직장을 떠날 때, 그 후에 생길 결과를 생각하면 특히 의심이 들지도 모른다.

자신이 의심하고 있다는 생각이 든다면, 우주에 옳은 결정을 내렸다는 증거를 보여달라고 요구해도 좋다. 기억해라, 당신은 무엇이든 요구할 수 있다!

다음 이야기에서 헬렌은 직장을 그만두기 직전에 심각한 의심이 들어 결정을 내리지 못하고 괴로워했다. 그러자 우주가 개입해서 몇 가지 기술적인 일들을 진전시켜 그녀가 결정을 내리도록 도왔다.

우주에서 온 이메일

저는 몇 년 전 직장 동료에게 『시크릿』을 처음 소개받았어요. 안타깝게도 당시엔 제 생각이 너무 부정적이어서 몇 페이지 읽고 난 후엔 그 책이 제 삶에 나쁜 영향을 줄까봐 사실 두려웠습니다. 지금은 그 말이 얼마나 어리석게 들리는지요!

고맙게도 친구가 그 책을 다시 추천해주었을 때, 기꺼이 배울 준비가 되어 있었어요. 한 챕터씩 읽으면서 얼마나 행복하고 흥분되었는지 말로 표현할 수 없을 정도였어요. 거의 들떠 있었고, 책을 읽은 첫날 저는 인생을 바꿀 엄청난 결정을 내렸습니다.

저는 프리랜서 삽화가로 전념하기 위해 시간제로 일하는 디자이너 일을 그만둘까 고민하고 있었어요. 오래전부터 그만두고 싶었지만 경제적으로 책임질 가족이 있었고, 규칙적이고 안정적인 수입을 잃는 것이 내키지 않았습니다. 돈을 충분히 모을 때까지 그냥 기다리자고 계속 다짐하고 있었죠. 독립하는 것이 옳은 일이라는 내면의 외침을 들었지만, 너무 두려웠어요.
그전까지 저는 직업상 운이 정말로 따르질 않아서, 끔찍한 고용주들과 스트레스받는 작업 환경, 여러 번의 정리 해고를 겪어왔지요. 마음속 깊은 곳에서 독립하라는 압력을 느꼈지만, 나 자신과 가족을 실망하게 할까봐 너무 두려웠어요.

『시크릿』을 읽은 후 독립해야겠다는 결심을 굳혔지만, 이상하게 티끌만큼도 의심이 들지 않았어요. 성공하리란 걸 알았거든요!

그런데 직장에 사직서를 제출하려고 할 때, 오래 묵혀둔 의심이 다시 고개를 들었어요. 직장으로 가는 기차에서 가슴이 두근거렸고, 옳은 일을 하고 있는지 자신에게 계속 되물었지요. 너무 경솔하고 이기적일지도 모른다, 돈은 어떻게 하나 등 별생각이 다 들었어요. 그때 우주가 개입해서 제 옆구리를 세게 쿡 찔렀어요. 제가 겁먹고 꽁무니를 빼려던 바로 그 순간에요!

이런 두려운 생각이 머릿속에 마구 몰려드는 동안 문득 휴대폰을 내려다봤더니, 새로 온 메일이 37개나 있었어요. 정말 이상한 일이었죠. 매우 이른 아침인 데다, 몇 분 전에 확인했을 때만 해도 새 메일이 하나도 없었으니까요.

하지만 새 메일을 봤더니, 사실 모든 이메일의 발신자가…… 저였어요! 지난 5년간 제가 여러 사람에게 보낸 메일이었는데, 동시에 모두 받은 편지함에 있었고, 모두 같은 주제에 관한 메일이었어요. 편지 하나하나가 직장을 그만두고 독립하고 싶다는 내용에 관한 것이었어요! 첫 번째로 읽은 편지는 세 번째로 정리 해고를 당했을 때, 구직 대행사에 보냈던 메일이었어요.

제 눈에 확 들어온 첫 문장은 "저 위에 계신 어떤 분이 제게 뭔가를 말하고 있는 것 같아요"였어요! 그 문장을 읽자마자 저는 등골이 오싹해졌고, 이 글을 쓰는 지금도 그래요.

저는 말문이 막혔죠. 구직 대행사로 보내는 편지가 몇 개 더 있었는데, 그걸 보자 제가 얼마나 많이 정리 해고를 당했는지 기억이 되살아났어요. 편지 중에는 직장을 옮겨 이 사람 저 사람 밑에서 일하는 것이 얼마나 싫은지 불평하는 편지들도 있었어요. 이전에 제가 프리랜서로 작업하면서 매우 만족했던 동화책 프로젝트에 관한 편지들도 있었죠.

가장 오래된 이메일은 현재 대행사에 몇 년 전에 보냈던 것인데, 제가 얼마나 프리랜서 삽화가로 일하고 싶은지 말하면서 프리랜서로서 저를 대행해줄 생각이 있는지 묻고 있었어요.

저는 그 메일을 휴대폰은 물론이고 컴퓨터에도 저장해두지 않았어요. 그걸 보냈던 일조차 기억나지 않았지만, 다른 메일들과 함께 동시에 받은 편지함에 새 메일로 들어와 있었죠.

그때 누군가가 제게 옳은 일을 하고 있고, 다 잘될 거라 말하고 있다고 생각했어요. 온종일 미소가 떠나질 않았고, 아무 고민 없이 사직서를 제출했지요.

두 달 후, 저는 믿기지 않을 만큼 바빴어요! 공과금을 낼 돈이나 벌 수 있을까 하고 의심했던 때를 생각하면 정말 놀라운 일이었죠! 시크릿 웹사이트에서 받은 백지 수표에 제가 바라는 첫해 수입을 적었을 땐, 턱도 없이 많은 금액처럼 보였어요. 하지만 그해 초반부터 번 돈을 모두 더하면 실제로 정확히 그 금액이 되어가고 있었어요! 그때 이미 몇 달간은 일이 잡혀 있어서 무슨 일이 있어도 계속 성공하리라는 데 아무런 의심이 없었습니다.

저는 4년이 지난 지금 여전히 프리랜서로 일하고 있고, 올해는 제 꿈도 이뤘습니다. 제가 글도 쓰고 그림도 그린 첫 어린이 그림책이 출판되어 전 세계로 판매되고 있거든요.

우주로부터 커다란 메시지를 받은 그날 저는 매우 영광스러웠고, 지금은 제 인생에서 벌어지는 모든 좋은 일에 감사하면서 즐겁게 멋진 미래를 시각화하고 있답니다!

– 영국 리버풀에서, 헬렌 Helen

의심이 정말로 당신의 믿음을 좀먹는다고 느껴지면, 시각화와 확언으로 믿음을 강화해라. 다른 대안으로는 기분이 좋아지는 일을 하면 된다. 당신이 행복함을 느낄 때, 의심이 사라지기 때문이다! 의심은 부정적인 상태고, 행복함을 느끼는 긍정적인 상태에서는 존재할 수 없다.

나는 어떻게 꿈꾸던 직장에 취직했나

제가 시크릿을 처음 소개받았을 때는 정말로 효과가 있다는 말을 믿을 수가 없어서, 그 말이 틀렸다는 걸 증명하려고 책을 읽기 시작했습니다.

그 당시 저는 거의 4년 동안 꿈꾸던 직장에 취직하려고 노력하던 중이었죠. 『시크릿』을 읽으면서 시험을 해보기로 했어요. 그래서 제가 원하는 임금과 제가 일하고 싶은 나라, 제가 원하는 직책이 포함된 급여 명세표를 만들어서 거울에 붙였습니다.

매일 아침 그것을 보면서 새로운 직장에서 책상에 앉아 있는 제 모습을 시각화 했습니다. 그러다 하루하루 지나면서 감사한 일들을 목록으로 만들어 말하곤 했죠. "제가 할 수 있는 모든 일과 제게 일어난 모든 일에 감사드립니다."

5일 만에, 저는 이메일로 꿈꾸던 직장에서 일하겠느냐는 제안을 받았습니다.

시크릿을 공유해주셔서 감사드립니다.

– 레바논에서, 미레유 *Mireille D.*

일단 당신이 시크릿을 익히면, 믿음을 강화하고 끌어당김의 법칙의 속도를 높일 수 있는 실천 방법이 많다는 것을 이해하게 된다. 마치 당신이 이미 원하는 것을 받은 것처럼 행동하는 방법은 가장 강력한 실천 중 하나다.

우주에 알려주세요

얼마 전에 저는 모든 것을 내려놓았습니다. 제빵사였는데 직장도 그만뒀어요. 요리 학교도 중퇴했지요. 2년 동안 사귀었던 남자 친구와도 헤어졌어요. 멋진 삶을 살겠다는 희망을 모두 버렸고 자신을 쓸모없는 인간이라고 생각했어요.

심각한 우울증에 한 달 정도 시달린 끝에, 어느 날 일어났더니「시크릿」이 생각났어요. 왜 그 영화가 떠올랐는지는 모르겠지만, 온라인으로 찾아서 무슨 내용인지 알아보기로 했어요. 웹사이트에서 영화를 보고 너무 감동받아서, 아이튠즈로 가서 오디오북도 샀지요.

그때까지 저는 직장을 찾고 있었지만 어떤 응답도 받지 못했습니다. 하지만 직장을 제게 불러오기 위해 시크릿을 사용하기로 했어요. 저는 동물병원에서 정말 일하고 싶었고, 그래서 집에서 가까운 병원에 이력서를 보냈습니다. 그렇게 모든 일이 시작됐죠.

며칠 후, 아파트에 누워 있을 때 전화가 울렸어요. 저는 혼잣말을 했죠. '저건 누군가가 내게 일자리를 주겠다고 제안하는 전화야.' 전화를 건 사람은 제가 지원했던 동물병원의 매니저였는데 면접을 보러 오라더군요. 면접을 보는 동안 저는 엄청 긴장했고, 겉으로도 그렇게 보일 정도였어요. 면접을 잘 보진 못했지만 집에 와서 이렇게 썼어요. "나는 ____ 동물병원에서 일한다. 병원은 일리노이 주 시카고 ____ 에 있고 전화번호는 _____ 다." 이 말을 여러 번 반복하자 정말로 그렇게 믿어졌어요.

다음 날, 매니저가 다시 전화해 매우 적극적으로 2차 근무 면접을 보러 오라고 했어요. 저는 기꺼이 응했죠. 이미 그 일자리를 얻었다고 느꼈지만, 이제는 돈을 얼마나 많이 받고 싶은지 정해야 했어요. 2차 면접 날까지 저는 특정한 금액의 수입에 초점을 맞추고 전체 연봉을 적었어요. 하루에도 여러 번 그것을 보면서, 이미 돈이 제 삶에 들어와 있는 것처럼 느꼈어요.

근무 면접을 하는 동안, 저는 이미 그 직책을 맡았고 동료들이 제게 새 사무실을 보여주는 것처럼 생각했어요. 하루 근무가 끝나자 매니저가 결정을 내린 후 다음 월요일에 전화를 주겠다고 말했죠. 물론 그는 전화했어요. 제게 그 직책을 주었고, 제가 적으면서 요구했던 딱 그 금액을 연봉으로 제안했죠. 정말 놀라운 기분이 들었어요.

그때쯤 저는 막 감사의 기술을 연습하고, 하루 매 순간을 즐기고 있었어요. 저는 지금까지 때마다 필요한 것을 요구하고 받아왔지만, 앞으로 다른 것이 필요하면 항상 우주가 알도록 해야 한다는 사실을 잘 알고 있지요.

– 미국 일리노이 주 시카고에서, 린지

특정한 직업을 갖는다고 시각화하기는 쉽다. 당신이 직장에 도착해서 문으로 들어간다고 상상해라. 급여 계좌에서 특정한 숫자를 본다고 시각화하는 일도 쉽다. 당신이 승진한다는 소식을 듣는 모습을 시각화하기도 쉽다. 당신이 지금 그것을 갖고 있다고 시각화하면, 마치 그것을 지금 가진 것처럼 느끼게 된다. 그것이 바로 실현되고 있다는 신호다!

끌어당김의 법칙은 당신의 생각과 말에 그대로 응답하므로, 어떤 소원이 미래에 일어난다고 생각한다면 그것이 지금 일어나는 것을 당신이 사실 막고 있는 것이다.

당신은 그 소원을 지금 이룬 것처럼 느껴야만 한다.

『시크릿 데일리 티칭』 중에서

당신의 일을 창조하는 비결

- 당신이 정말로 원하는 것이 무엇인지 깨닫고 그것을 요구한다면, 꿈꾸던 직업을 당신에게 끌어당길 힘이 있다.

- 당신이 믿고 기대한다면 이루지 못할 꿈의 직업이나 월급은 없다.

- 당신이 꿈꾸던 직업이나 경력에 초점을 맞추고 그 초점을 유지해라.

- 당신이 정말로 그 삶을 산다고 느낄 때까지 당신의 모든 감각을 동원하여 원하는 직업의 모든 측면을 시각화해라.

- 급여 계좌에서 당신이 원하는 특정한 숫자를 본다고 시각화해라.

- 그 직업이나 경력의 기회를 '어떻게' 얻을지는 당신이 신경 쓸 일이 아니다.

- 의심을 떨쳐버리려면, 기분이 좋아지는 일을 하거나, 시각화와 확

언을 통해 믿음을 강화해라.

☞　소원이 실현되는 속도를 높이려면, 당신이 이미 꿈꾸던 직업을 받은 것처럼 행동해라.

☞　당신이 하는 일을 사랑할 때 돈이 뒤따를 것이다.

☞　당신은 무엇이든 될 수 있고, 할 수 있다. 한계는 없다.

당신이 최선을 다해 베푼다면,
그것은 깜짝 놀랄 만한 속도로
당신에게 되돌아올 것이다.

『시크릿 데일리 티칭』 중에서

나는 삶을 바꾸기 위해
어떻게 시크릿을 이용했나

당신 내면 깊숙한 곳엔 드러나길 기다리고 있는 진실이 있고, 그 진실은 이것이다. '당신은 삶이 제공하는 좋은 것들을 모두 누릴 자격이 있다.' 당신은 본능적으로 알고 있다. 좋은 일이 하나도 없다고 느낄 때 몹시 괴롭기 때문이다. 모든 좋은 일은 당신의 타고난 권리다! 당신은 자기 삶의 창조자고, 끌어당김의 법칙은 당신이 원하는 것은 무엇이든 창조할 훌륭한 도구다.

다음 이야기의 제니처럼, 자신의 이야기를 공유해준 많은 사람이 삶을 바꾸게 해주었다고 내게 고마워한다. 사실은 그들이 스스로 변해서 그런 변화를 불러온 것이다. 나는 그들 모두와 시크릿을 공유할 수 있어서 이루 말할 수 없이 고마울 뿐이다.

밑바닥에서

'상황이 바뀌어야 해. 그렇지 않으면 더는 버틸 수 없을 거야.' 서른 살 생일 전날 저는 그렇게 생각했습니다. 고등교육까지 받았지만 안정적인 전임 일자리를 찾지 못했습니다. 독신이었지만 독신을 벗어나고 싶었어요. 어쩔 수 없이 부모님과 살고 있어서 저는 대체로 비참하게 지냈습니다. 행복과 성취감을 느끼기 위해 많은 것을 바라지도 않았는데, 정말로 필요한 일이 내게는 절대로 일어나지 않는 것만 같았어요.

그때 『시크릿』이 제 삶을 구했습니다. 완전히 바닥을 쳤다 싶을 때, 마지막 용기를 내어 '최후의 수단'으로 그 책을 읽어야겠다고 생각했죠. 어찌나 어리석었던지요! 『시크릿』은 마지막 단계가 아니라 '첫 번째' 단계였어야 했어요! 제게 변화가 바로 찾아왔어요. 책을 읽고 정말로 영감을 받아서 이렇게 생각했죠. '『시크릿』이 다른 것은 몰라도, 적어도 내게 용기를 북돋워주고 희망을 주었어.'

하지만 『시크릿』은 용기를 북돋워주는 것 이상의 일을 해냈어요. …… 제 인생을 바꿨답니다! 더 놀라운 일은 그것이 제가 상상한 '그대로' 제 삶을 바꿔놓았다는 사실입니다.

시크릿을 연습하기 시작하고 두 달 만에, 저는 으리으리한 회사에 면접을 봤고, 마침내 꿈꾸던 직장에 취직했습니다. 그 회사에 취직하려고 면접을 보는 과정에서 연인으로 늘 바라던 모든 조건을 갖춘 멋진 남자도 만났어요. 드디어 혼자 힘으로 독립해서 늘 꿈꾸고 원했던 삶을 시작할 거예요. 저는 원하는 것을 얻을 수 있는 내면의 힘을 깨닫지 못한 채 자신을 동정하고 안타깝게 여기는 데 너무 많은 시간을 낭비했어요.

시크릿이라는 위대한 선물을 받게 해주셔서 정말 감사드려요. 시크릿이 없었더라면 제가 어떻게 됐을지도 모르니까요.

— 미국 미시간 주 디트로이트에서, 제니 *Jenny L.*

당신에게 필요한 모든 문제의 답은 당신 내면에 있으므로, 스스로 답을 발견하는 것이 중요하다. 당신은 자신과 자신의 모든 것을 믿어야 한다.

『시크릿 데일리 티칭』 중에서

당신이 지금 어디에 있든, 모든 것을 바꿀 수 있다

다음에 나오는 사연의 주인공들이 자신을 묘사하는 표현을 몇 가지 들어보자면, 상처 입었고 파괴적이며, 약물 중독에다 집도 없고, 비참하고 커다란 골칫덩이라고 말한다. 그들이 시크릿을 배운 다음 고마워한 점은 자기 생각

을 바꿔서 삶을 바꿀 수 있다는 사실이었다. 다시 말해, 자기 자신만 바꾸면
되는 것이다.

닭똥에서 닭고기 수프로 바뀌었어요

과거의 제 삶을 돌아보면, 지금과 같은 사람이라고는 거의 믿을 수가 없습니다.
지금 전 무척이나 행복하고 평온합니다! 하지만 항상 이렇지는 않았어요. 저는
30년 넘게 행복이란 걸 모르고 살았어요.

어린 시절에 저는 아버지에게 수백 번이나 강간을 당했습니다. 아버지에게서 벗
어나려는 수단이었는지 간질이 발병했어요. 저는 인생의 낙오자가 되었죠. 엄마
는 평생 정신병원을 들락거렸고, 제가 한동안 살던 집은 쓰레기처리장에 주차된
낡은 스테이션 왜건이었어요. 저는 근처에 있는 KFC 쓰레기통을 뒤져 음식을
먹었죠. 청소년기에 고등학교를 중퇴한 후 약물 중독이 되었고, 온갖 종류의 파
괴적인 행동을 일삼았습니다.

제 삶은 너무 암울해 보여서, 극심한 고통을 받으며 망가진 패배자로 살아가는
것이 제 몫의 삶이라고 확신했습니다.

간신히 대학교 학위는 땄지만, 어떤 직장에서도 3개월 이상 버티지 못했어요.
서른네 번쯤 해고를 당한 후에, 완전히 길을 잃고 어느 때보다도 심한 우울감에

빠졌습니다. 더 나은 삶을 살려고 정말 열심히 노력하고 있었거든요! 저는 의사들이 저를 치료하려고 처방한 프로작, 웰부트린을 비롯해 다른 여러 약을 먹고 있었어요. 효과가 없었죠. 매일 신이 저를 죽게 내버려두시길 기도했어요.

그러다 사랑하지 않는 사람과 결혼했습니다. 그렇지 않으면 집도 없는 노숙자 신세였으니까요. 약물 중독은 고쳤지만, 현실을 떨쳐버리려고 잠을 자고 TV를 보면서 시간을 보냈어요.

제가 바뀌기 시작한 것은 반쯤은 언니의 권유로 종교학 교회에 처음 갔을 때였어요. 그들의 교리는 『시크릿』에 나오는 가르침과 비슷했어요. 그들은 내가 올바른 방향으로 가고 있다고 생각하게 한 의미심장한 말을 해줬어요. 제게는 매우 낯선 이런 말들이었죠. "당신은 단지 존재한다는 이유만으로도 위대합니다."

하지만 『시크릿』을 보고 나서야 저는 정말로 깊은 변화를 경험했습니다. 삶의 많은 면 중에서 제가 항상 세상과 고립되어 있던 부분은 혼자서 살아갈 정도로 돈을 충분히 버는 경제적 능력이었습니다. 어느 날 밤, 아마 『시크릿』을 스물세 번쯤은 봤을 때, 자리에서 일어나 컴퓨터로 가서는 재미있고 쉬우면서도 돈을 많이 받는 일자리로 안내해달라고 우주에 요청했습니다. '법정'과 '비디오 촬영'이란 단어를 검색 엔진에 입력했어요. 그 두 가지에 관련된 일을 좋아했으니까요. 뭔가가 팝업창에 떴는데, 실제 법률 비디오 촬영 분야였어요. 너무 흥분됐죠! 무엇을 해야 하는지도 몰랐지만, 그 직업이 저를 위한 일이라는 것은 알았어요.

저는 자격을 갖춘 법률 비디오 촬영기사가 되기 위해 단계를 밟은 후, 드디어 시간당 최소 75달러를 벌기 시작했어요! 그전까지 최저 임금이나 그 이하를 받고 일해왔는데 말이죠.

최근엔 법률 비디오 촬영기사에서 가정 간병인 파견 업체로 직종을 바꿨어요. 더 전문적인 법률 비디오 기사가 되려면 공증인 면허를 따야 했는데, 그 자격을 갖추지 못했거든요. 그래서 노인들이 더 나은 삶을 살도록 돕는 일에 제 열정을 기울였죠. 이런 일을 하면 돈을 많이 받을 수 있다는 사실뿐 아니라 돈을 받는다는 사실만 알았더라도 애초에 그 일을 택했을 거예요.

그래서 사업을 시작했습니다. 장애인, 수술 후 환자 등 간호가 필요한 사람들이나 노인들에게 집에서 말동무도 해주고 돌봐주는 간병인을 파견하는 사업이죠. 제가 하는 일이 매우 좋아요. 엄청난 보람을 느끼거든요! 삶이 즐겁다는 것을 알아서 얼마나 행운인지 모두에게 말하고 있어요!

제 삶의 다른 부분도 변했어요. 행복해지려고 더는 약을 먹지 않아요. 스스로 매일 즐거움을 느낀답니다! 담배도 끊었어요. 일주일에 5일은 운동을 하는데 운동이 정말 좋아요. 한때 전적으로 의존했었던 남자와 이혼했어요. 지금은 있는 그대로의 제 모습을 사랑한다고 말할 수 있어요. 이것은 '엄청난' 변화예요. 어릴 때부터 저는 거울을 보고 "네가 정말 싫어"라고 소리치면서 실제로 자신을 때리거나 불로 화상을 입히곤 했습니다. 자기혐오가 그만큼 뿌리 깊었거든요.

제 주위엔 긍정적인 태도를 지닌 멋진 친구들이 많아요. 저는 삶을 사랑하고, 월요일이 좋아요. 아버지와의 관계에서도 마음의 평화를 얻었습니다. 이젠 단순하고 평범한 일에서도 황홀한 기분을 느끼게 됐어요. 목으로 불어오는 시원한 바람결에도 행복해서 눈물이 흘러요! 지금 제 삶이 얼마나 멋진지 말로 다 표현할 수가 없답니다. 저는 매우 건강하고, 행복하고, 부유하고, 자신감과 활력이 넘치며, 삶에 순응하며 믿음이 가득하죠. 하지만 다른 무엇보다도, 제 삶의 모든 것과 모든 사람에게 고마워하고 있어요! 시크릿도 마음 깊이 감사하는 것 중 하나입니다. 감사합니다.

— 미국 캘리포니아에서, *K.*

어린 시절의 경험 때문에 우리는 자신을 가치 없는 존재로 여기는 경향이 있다. 당신이 자신을 사랑과 존경으로 대하지 않으면, 당신은 우주에 당신이 중요하지 않고 그만한 가치나 자격이 없다고 말하고 있는 셈이다. 따라서 당신을 제대로 대접해주지 않는 사람들을 더 많이 만나게 될 것이다. 예를 들면 서른네 번째 일자리에서 쫓겨나는 경우처럼 말이다. 당신이 자신을 생각하는 방식을 바꿔서 기분을 바꾸면, 남들에게 대접받는 방식도 바뀔 것이다.

당신이 하루를 보낼 때 일어나는 크고 작은 일들은 모두 당신 내면에 있는 주파수를 당신에게 보여주는 것이다. 당신이 지닌 주파수의 증거가 당신이 맞닥뜨리는 사람들과 환경, 사건들을 통해 매 순간 당신에게 말하고 있다.

삶은 당신이 내면에서 느끼는 감정을 고스란히 당신에게 반사하는 것이다.

『시크릿 데일리 티칭』 중에서

유일한 기회

저는 스물아홉이고, 호주 멜버른에서 경찰관인 남자 친구와 우리의 예쁜 일란성 쌍둥이 딸인 멜린다, 매들린과 함께 살고 있어요.

행복해 보이죠? 정말 행복해요. 하지만 삶이 늘 이렇게 행복한 건 아니었어요. 저는 남자들과 사귀다가 실연을 반복했고 우울증에 빠져 살았어요. 부모님은 제가 네 살 때 이혼해서 어린 시절에는 행복하지 못했죠. 그래서 매우 어려서부터 남자들을 만나면서, 그들이 저를 행복하게 해주리라 생각했어요. 어렸을 때 받지 못한 사랑을 찾고 있었던 거죠. 하지만 그들은 저를 행복하게 해주기는커녕, 비참함과 실망만 안겨줬어요.

스물네 살 무렵엔, 삶이 바닥으로 곤두박질치면서 자살을 시도하는 지경에 이르렀어요. 동거하던 남자와 별거했고, 돈도 한 푼 없었어요. 엄마와 함께 살고 있었고, 우울증에 시달린 데다 직업도 없었죠.

어느 날 뉴에이지 상품을 파는 가게에 갔는데, 주인아저씨에게 「시크릿」DVD를 선물받았어요. 저는 DVD를 집으로 가지고 가서 봤고, 시크릿의 원리에 공감이 갔지만, 그냥 '괜찮군'이라고만 생각하고 다른 DVD 더미와 함께 쌓아두었죠.

삶이 계속 우울하자 어느 날은 더는 참을 수 없을 것만 같더군요. 바로 그때 시크릿을 사용하는 것이 제가 행복해질 유일한 길이라는 걸 깨달았어요. 그래서 정말로 그 법칙을 적용하기 시작했어요. 정말로 제가 무엇을 원하고 있는지 분명히 생각한 후 비전 보드를 만들었고, 마치 그 소원이 지금 일어난 현실인 것처럼 살고, 느끼고, 행동하기 시작했습니다. 어떻게 모든 일이 일어날지에 관한 의심과 두려움을 제쳐놓는 것이 처음엔 어려웠지만, 그런데도 꾸준히 노력하면서 제가 원했던 삶이 실현된 것을 고마워했어요. 매일 감사 일기를 썼고, 마치 원했던 삶을 이미 이룬 듯 고마워하면서 그 감정을 정말로 느꼈어요.

저는 당시에 시드니에 살고 있었는데, 멀리 떠나서 완전히 새 출발을 하고 싶었어요. 남자 친구도 사귀고 싶었고, 즐길 수 있는 새로운 일자리도 원했어요. 그러다 멜버른에서 온 어떤 남자를 만났고, 만나자마자 정말로 마음이 잘 맞았죠. 모든 일이 눈 깜짝할 사이에, 전혀 예상치 못했던 방식으로 일어났죠. 그는 멜버른으로 돌아가야 했고, 저는 시드니에 살았기 때문에 우리는 전화나 문자, 이메일로 소식을 주고받았어요. 매일 전화기를 붙들고 통화를 하다가 4주 만에 그가 제게 멜버른으로 와서 같이 살지 않겠느냐고 묻더군요. 만난 지는 얼마 되지 않았지만, 옳은 일인 것 같아서 그와 동거를 시작했어요.

일단 멜버른에 도착하자 고용 센터에 연락해서 일자리를 찾기 시작했죠. 하지만 저는 이미 원하는 직업을 일기장에 적었고, 시크릿 법칙을 사용하고 있었어요. 처음엔 일단 돈을 벌어야 해서 임시직을 몇 차례 거친 끝에 마침내 환상적인 일자리가 나타났어요. 그 일자리는 일기장에 적었던 이상적인 직업의 조건을 다 갖췄고, 그때까지 제가 거쳤던 직업 중에서 단연 최고였답니다.

저는 시크릿 웹사이트에서 수표를 출력해 비전 보드에 핀으로 꽂아놓고는, 그 돈을 이미 받아 부자가 된 기분을 만끽하는 데 집중했어요. 그 후 얼마 되지 않아 아버지가 전화하셔서, 아주 들뜬 목소리로 복권에 당첨되어 꽤 많은 돈을 받았다고 했어요. 아버지는 제게 일부를 주고 싶다고 했고, 5,000달러짜리 수표를 보내겠다고 했어요!

저는 남자 친구와 일자리가 생겨서 무척 행복했어요. 멜버른에 사는 것도 좋았고 우리 집도 매우 사랑스러웠지요. 다음으로 비전 보드에 적은 소원은 아이들이었어요. 저는 늘 아이를 갖고 싶었고, 항상 쌍둥이 딸이었으면 했어요. 그래서 잡지에서 여자 쌍둥이 아기들 사진을 오려서 비전 보드에 붙였죠. 미리 아기옷을 사기도 했는데, 여자아이 옷으로 뭐든지 두 벌씩 샀어요. 또 시크릿 법칙을 사용해서 원하는 것을 이미 얻은 것처럼 느끼기도 했답니다.

멜버른으로 이사한 지 8주가 채 안 됐을 때, 임신 사실을 알았어요. 입덧이 시작되어 한동안 정말 힘들었어요. 임신 초기엔 기분 좋게 해달라고 요청하는 것도 까먹었거든요! 임신 12주 차에 실시한 초음파 검사에서 아기가 쌍둥이라는 사실을 확인했답니다! 남자 친구는 놀랐지만, 저는 모두 시크릿 덕분이란 걸 알았어요. 그때부터 임신 기간 내내 매우 건강하고 행복할 것이라고 쓰면서 정말로 그렇게 믿었고, 실제로도 그랬어요. 저는 요구했던 모든 것을 얻었답니다. 임신 기간 내내 건강했고, 38주 차에 자연분만을 했으며, 건강한 딸 쌍둥이를 낳았으니까요.

지금은 방송통신대학에서 사회복지학을 공부하고 있어요. 사회복지학 학위도 제가 요청했고, 받으리라 믿고 있는 소원이죠. 좋은 친구들도 많이 사귀어서 매우 행복하고 경제적으로도 안정이 됐어요. 지금도 사소한 놀라운 일들이 자주 생기고 있는데, 제가 삶의 모든 영역에 시크릿을 적용한 덕분인 것 같아요.

시크릿이 제 인생을 바꿔놓았어요. 여러분도 시크릿을 사용하면 삶을 바꿀 수 있답니다.

– 호주 멜버른에서, 벨린다 *Belinda*

벨린다가 일단 삶에서 정말로 원하는 것을 확실히 정하자, 의심과 두려움을 제처놓고 「시크릿」에서 배운 연습을 모두 사용할 수 있었다. 시크릿 연습은 우주 은행의 수표를 포함해 비전 보드, 원하는 소원 목록 만들기, 감사 일기 쓰기였다. 그녀는 삶을 바꿔서, 부정적인 생각으로 가득한 사람에서 긍정적인 생각이 뿌리박힌 사람으로 변모했다.

당신은 당신의 생각과 느낌을 통해 창조할 수 있고, 당신 이외의 어느 누구도 당신의 생각과 느낌 그대로 생각하거나 느낄 수 없다.

『*시크릿 데일리 티칭*』 중에서

길거리에서 시크릿까지

10년 동안 저는 약물 중독과 알코올 중독인 성매매 종사자였고, 그중 마지막 3년은 거리에서 생활했으며, 더 살고 싶지가 않았습니다. 그러다 제가 도움을 받던 여성인권 단체에서 『시크릿』을 읽으라고 선물로 받았어요. 그리고 농담이 아니라, 제가 시크릿을 사용하고 감사 일기를 쓰기 시작한 지 6개월 만에, 제 삶이 믿을 수 없게 바뀌었습니다. 약과 술을 완전히 끊고, 맑은 정신으로 지냈어요. 딸과 가족이 제 품으로 돌아왔습니다. 제가 도움을 받고, 『시크릿』도 받았던 여성 인권 단체에서 낮에 일하는 봉사 활동가로 고용되기도 했어요.

4년 후인 지금도 제 인생은 여전히 믿을 수 없을 만큼 좋아요. 방금 이메일을 열어봤더니, 오랫동안 원했던 일자리에 취직됐다는 메일이 와 있더군요. 지금 3년째 저와 함께 지내고 있는 딸과도 사이가 아주 좋아요. 제 삶은 놀라운 일들만 가득합니다.

진심으로, 온 마음을 다해 감사 인사를 드립니다.

– 캐나다 빅토리아에서. 테아 *Thea Ø.*

모든 일이 당신을 위해 일어나고 있다

앞에 나온 이야기의 주인공들은 어린 시절에 어려움을 겪었다. 하지만 삶이 아무 문제없이 순탄한 듯하다가 갑자기 흔히 말하는 시련이 닥쳐오는 사람도 있다. 이런 시기에는 자신에게 이 모든 일이 당신을 위해 일어나는 것으로 생각하는 마음가짐이 중요하다.

좋은 일은 부정적으로 보이는 모든 상황 밑에 숨어 있다. 만일 우리가 어떤

부정적인 상황에도 좋은 일이 숨어 있다는 사실을 안다면, 부정적인 상황이 좋은 일로 변하는 것을 보게 될 것이다.

『시크릿 데일리 티칭』 중에서

아마 다음 이야기에 등장하는 케이트처럼 당신이 직장을 잃으면, 그와 함께 자신감도 잃을 것이다. 하지만 원인이 무엇이든 자신을 부정적으로 생각하기 시작하면, 훨씬 더 많은 부정적인 생각을 끌어당기게 될 것이다.

새로운 시작

TV 방송국에서 부장으로 일하던 제가 어느 날 갑자기 인정사정없이 정리 해고를 당했을 때부터 상황은 나빠지기 시작했습니다. 생계를 책임지던 가장이었던 저는 제대로 임금을 받는 정규직에 곧바로 취직하지 못하면 우리 가정이 위태롭다는 사실을 잘 알고 있었죠.

저는 긍정적인 사람이었지만, 정리 해고는 엄청난 충격인지라 자신감을 잃고 말았습니다. 정리 해고된 것은 일자리이지 나라는 사람이 아니었지만, 제가 뭔가를 잘못했던 것이 틀림없다고만 느껴졌습니다.

3주째 구직을 하고 있을 때, 주간신문 「옵저버」에 실린 『시크릿』 서평을 봤어요.

재밌게 읽을 만한 책인 것 같아 출판되면 사야겠다고 마음먹었지만, 다른 할 일들처럼 곧 잊어버렸죠.

그러다 우연히, 여느 때처럼 잘 안 될 것이 분명했던 면접에서 돌아오는 길에 기차에서, 누군가 흘리고 간『런던 이브닝 스탠더드』를 집어 들었습니다. 신문을 읽기 시작했는데, 거기『시크릿』의 발췌문이 있었어요. 힘든 시기를 겪고 있어서인지, 옆구리를 쿡 찌르는 글을 '위'에서 내려주신 것 같았어요. 그래서 기차에서 내리자마자 동네 서점으로 달려가서『시크릿』을 한 권 샀지요.

집에 도착하자마자 책을 읽었고, 시각화 연습을 시작했습니다. 저는 우주에 받을 준비가 됐다고 말했어요. 책을 한 번도 내려놓지 않은 채 다 읽자 5시 반이었고, 전화가 울렸어요. 전화를 건 사람은 제가 일하고 싶었던 회사의 부사장이었습니다. 비서도 아니고, 인사 담당자도 아닌 부사장이 직접 전화해 다음 날 9시 30분에 CEO와 함께 보는 면접에 오겠느냐고 물어보셨죠!

저는 너무 놀랍고 흥분해서 집 밖으로 뛰쳐나갔고, 버스 정류장에서 남자 친구를 만나서『시크릿』과 전화 이야기를 해줬어요. 집으로 가는 길에, 동네 이탈리안 레스토랑에서 일하는 친구가 간판 위로 불쑥 고개를 내밀더니 식당으로 들어와서 샴페인이나 한잔하자고 부르더군요. 한동안 만나지 못했던 친구였는데, 별다른 이유가 있어 초대한 건 아니라고 했어요.

그날 밤 저는 면접하는 장면을 상상했어요. 면접은 잘됐고, 그 일자리는 제 것이었죠. 시각화는 효과가 있었어요. 보통 차가 밀리는 시간인데 그날은 밀리지 않았어요. 면접 분위기는 좋았지만, 꽤 오래 계속되었죠. 다음 날 연봉 제안서가 도착했는데, 월급과 보너스를 통틀어서 예전 직장에서보다 20퍼센트 더 높은 금액이었어요!

저는 그 직장에서 5년간 만족스럽게 일했고, 그 후 다른 직장으로 옮겼답니다. 그때부터 『시크릿』은 책장에 쭉 놓여 있었어요. 별안간 9년간 동거했던 남자 친구가 저를 떠날 때까지는요. 저는 충격에서 헤어날 수 없었어요. 마음속에서 끝이 아니라고 느껴졌어요. 그래서 책장에서 『시크릿』을 다시 꺼내서 읽고 또 읽기 시작했어요. 영화도 내려받아 매일 출퇴근길에 보면서 우리가 행복하게 같이 사는 모습을 시각화했습니다.

시각화는 정말로 힘들었어요. 우리가 헤어지는 것은 잘못됐다고 느꼈지만, 이유를 설명할 순 없었죠.

마침내 남자 친구가 집을 떠난 지 15개월 만에 집으로 돌아왔어요. 놀라운 일이었고, 우리는 상황을 자연스럽게 받아들였죠. 저는 일 때문에 정신없이 바빴는데, 그가 항상 옆에 있어줬어요. 7개월 후 새벽 1시에 저는 왜 그가 돌아왔어야 했는지를 이해했습니다.

아무런 조짐도 없이 저는 심장마비를 일으켰고, 심장이 멎어버렸어요.

남자 친구가 구급대원이 도착할 때까지 심폐소생술을 실시했고, 3일간 인위적인 혼수상태에 있을 때도 제 곁을 지켰어요. 그는 지금도 제가 완전히 회복할 수 있도록 옆을 지키고 있답니다.

저는 그가 집에 온다고 시각화했고, 올 것을 알았어요. 제 진리를 따랐죠. 그리고 지금은 어떨까요? 한 번 더 시크릿은 제게 효과를 보였어요. 보고, 믿으면, 이루어집니다.

심장 발작을 일으킨 후, 상황이 바뀌어야 한다는 걸 알았죠. 지금도 전임 TV 프로듀서로 일하고 있고 그 일을 좋아하지만, 임상최면치료사와 인지행동치료 관리코치이자 연설가 자격증을 따려고 훈련받고 있어요. 그 일은 제가 항상 하고 싶었지만 할 수 있다고 생각도 못 했던 일이었죠.

하지만 그것을 보았고, 시각화한 끝에 공부하고, 연습하고, 자격증을 딸 시간을 냈을 뿐만 아니라 저녁과 주말 시간을 이용해 기초 과정과 전문가 과정을 공부할 수 있었습니다.

남자 친구와 저는 성격이 고약한 열한 살배기 길고양이 두 마리와 아홉 달 된 순한 강아지와 함께 행복하게 살고 있어요.

시크릿은 정말 효과가 있어요. 미소를 지으세요, 그러면 슬플 리가 없어요. 항상 고마워하고 감사하면서 여러분 삶에 좋은 일들을 더 많이 만드세요!

– 영국 런던에서, 케이트 *Kate L.*

케이트가 원하는 것을 시각화할 때마다, 우주는 그녀가 원하는 것을 정확히 갖다주며 응답했고, 심지어 남자 친구도 집으로 돌아오게 했다. 자기 자신을 위해 다른 사람의 선택권을 무시할 수는 없으므로, 케이트의 남자 친구가 집으로 돌아오려면 그도 똑같은 것을 원해야만 했다. 케이트와 남자 친구는 두말할 나위 없이 천생연분이었다!

삶의 갈림길에서

저는 예전과 지금의 제 모습에 관해 여러분께 이야기한다는 생각만으로도 가슴이 벅차오릅니다. 지금 제 마음이 평온한 것은 제 과거를 만들어 온 사람도 자신이고, 앞으로 제 삶을 계속 바꿔갈 사람도 자신이라는 것을 이해했기 때문입니다. 지금 저는 이전에는 한 번도 느껴보지 못했을 만큼 감사함을 가득 느끼고 있어요.

저는 올해 서른한 살이고, 헤로인과 코카인 중독을 치료받고 있어요.

3년 반 전에만 해도 저는 사람들이 흔히 말하는 남부럽지 않은 삶을 살고 있었죠. 더없이 사랑스러운 연인을 만났고, 제가 만난 사람 중 가장 감동적이고 아름다운 제 아들 테이븐을 얻었죠. 예쁜 집에 살고 있었고, 멋진 자동차 두 대와 할리데이비슨 오토바이도 있었어요. 저는 많은 사람이 아메리칸드림이라고 부르는 삶을 이뤘어요.

제가 모든 것을 다 잃고, 요즘 제가 쓰는 표현으로 '다 날려버린' 이유는 삶에서 누렸던 놀라운 일들을 고마워하지 않았기 때문입니다. 여러분은 '사람은 자기가 가진 것을 잃고 나서야 그것이 무엇이었는지를 깨닫는다'는 말을 들어봤을 겁니다. 저는 이렇게 말하고 싶어요. '사람은 자기가 가진 것을 알고 있다. 하지만 그것을 잃고 나서야 그 고마움을 깨닫는다.'

제 삶을 되돌아보니 어느 정도는 성공을 거둔 것 같아 깜짝 놀랐어요. 맞아요, 저는 물질을 얻는 것은 매우 잘했지만, 정말로 중요한 것에 감사할 여유가 없었습니다. 물질을 창조한 제 능력과 제가 경험한 모든 환경에 관해 고마워하는 시간을 갖질 못했죠. 이러한 재물을 얻도록 도와준 사람들이나 말 그대로 재물이 눈앞에 툭 떨어지게 한 놀라운 기회에 전혀 고마워하지 않았어요.

제가 사랑했고, 얻으려고 노력했던 모든 것을 포기한 끝에 삶에 관한 새로운 관점을 얻게 되어 매우 감사합니다. 사람들 말마따나 밑바닥부터 다시 시작하면서 저는 제가 얼마나 축복받았는지 진심으로 이해하게 되었습니다.

저는 1년간 교도소에서 수감생활을 한 후 풀려났습니다. 저는 헤로인과 코카인을 소지한 죄로 유죄 판결을 받은 중범죄자입니다. 아까도 말했듯이 저는 제 인생에서 만난 사람들과 제가 누린 재물들을 고마워하기는커녕 약에 취해 있을 때는 제가 그럴 만한 자격이 있다고 생각하기도 했습니다.

수감생활을 시작하고 처음 6개월 정도는 밖에 있는 사람들을 비난하고 제가 처한 환경을 탓하면서 지냈습니다. 하지만 『시크릿』을 읽고 나서는, 변하려면 내면을 들여다보고 자기 인생의 주도권을 찾으라는 시크릿 법칙을 받아들이기 시작하면서 정말로 변하기 시작했습니다. 이 놀라운 책은 제 인생에서 가장 적절한 때에 제게 찾아온 거죠. 당시 저는 글자 그대로 인생이 극적으로 달라질 수 있는 두 갈림길에 서 있었으니까요.

네 번이나 마약을 치사량까지 흡입해 폐색전에 걸리고, 1년간 교도소에서 보낸 후에야 진심으로 감사하다고 말할 수 있게 됐습니다. 이 책을 만든 놀라운 팀에게, 그리고 제가 요구했던 것을 그대로 제 인생에 갖다주었던 우주에 감사합니다. 제가 요구했던 것이 즐거운 일은 아니었지만, 우주는 그것조차 받아들였습니다. 제게 살아남을 기회를 주셔서 감사하고, 제 삶에 올바른 것을 요구할 기회를 주신 것도 감사합니다.

저는 시크릿을 사용해서 자신이 삶으로 무엇을 끌어당겼는지 확인하는 놀라운 경험을 한 완벽한 사례입니다. 자신의 삶을 돌아볼 용기가 있는 사람이라면 누구나 할 수 있습니다. 세상 모든 사람이 오늘 제가 느끼고 있는 긍정적인 마음가짐과 고마움을 느낄 수 있다면 더 바랄 것이 없습니다.

— 미국 유타 주 솔트레이크시티에서, 에이버리 *Avery H.*

감사함: 삶을 바꿔주는 것

어떤 사람들에게 감사하는 마음은 타고나는 것처럼 보인다. 감사하는 마음이 끌어당김의 법칙에서는 매우 중요한 역할을 한다는 사실을 인정하는 데 남들보다 오래 걸리는 사람도 있다. 그러나 결국엔 당신이 처한 상황이 얼마나 어렵든, 감사함을 연습하면 빠져나갈 길을 찾는 데 도움이 된다.

고마워하는 것이 무슨 의미인지 이해하기

말로 잘 설명할 수가 없네요. 저는 『시크릿』에서 당신이 가진 모든 것과 원하는 모든 것에 고마워하라는 말이 정말로 무슨 말인지 이해하고 싶었어요. 제가 잘 해낼 수 있을 것 같지 않았어요. 책을 사고 나서 2주 동안 읽었고, CD도 반복해서 들었습니다. 책에서 하는 말을 간절히 이해하고 싶었고, 제 삶에도 실현하고 싶었어요. 저는 제가 이미 받은 것과 앞으로 받을 것을 고마워하지 않으면 어떤 것도 받을 수 없다는 사실을 깨닫지 못했죠.

하지만 상황은 어느 날 아침 알람 소리를 듣고 잠에서 깨면서 바뀌었습니다. 매우 일찍 일어나야 했기 때문에 약간 짜증이 났어요. 저는 즉시 행복해지는 생각을 하면서 기분을 바꿨고, 침대 밖으로 나왔어요. 정원을 걸을 때 얼굴에 불어오는 바람과 발가락 사이로 스치는 잔디를 느끼며 감사하다고 말하기 시작했어요. 우주에 제가 존재하게 해주셔서, 제게 집과 가족을 주셔서, 전원생활을 즐기게 해주셔서 감사하다고 고백했어요. 제가 원하는 것들을 포함해서 생각나는 모든 것에 감사하다고 말하기 시작했죠. 그다음 이틀 동안도 똑같이 했더니, 이제는 드디어 나를 둘러싼 모든 것에 가슴 깊이 감사하는 것이 어떤 느낌인지를 이해하게 됐어요.

하던 일을 멈추고 생각할 필요가 없어요. 제 안에서 뿜어져 나오는 사랑과 행복과 감사함이 그냥 느껴지거든요. 예전엔 곧잘 화를 내곤 했는데, 시크릿을 발견한 후로는 모든 일에 훨씬 많이 감사하므로 좀처럼 화를 내는 일이 없어요. 화가 날 때도 곧 마음을 가다듬고, 사랑과 행복의 주파수와 제가 원하는 것을 받게 되어 감사한 마음에만 초점을 맞춥니다.

내 안에서 빛을 발하고 뿜어져 나오는 이 느낌, 모든 것에 가슴 깊이 감사하는 이 마음을 느끼는 법을 모두가 배웠으면 좋겠어요. 그러면 온 세상이 빛날 거예요. 저는 나비들이 우리 정원에서 너풀거리는 모습을 자주 봅니다. 창밖에서 새들이 지저귀는 소리와 머리카락을 스치고 지나가는 바람을 고마워합니다. 제가 원하는 것이 이미 제 것이라 감사하고, 모든 일에 감사합니다. 저는 주위에 있는 것들에 감사하면 내면에서 평화와 사랑을 느낄 것이고, 그것만이 원하는 것을 갖다줄 수 있다는 사실을 마침내 이해합니다.

— 미국 캘리포니아 주 샌디에이고에서, 엘리자베스 *Elizabeth M.*

당신의 내일을 창조하려면, 오늘 밤 잠자리에 들 때 하루를 되짚어보고, 잠들기 직전에 좋았던 순간을 고마워해라. 잠이 들 땐 이렇게 말해라. "나는 깊이 잠들 것이고 아침에 깨어날 땐 활력이 넘칠 것이다. 내일은 내 인생에서 가장 아름다운 날이 될 것이다."

『시크릿 데일리 티칭』 중에서

감사하는 마음이 어떻게 내 삶을 구했나!

저는 터무니없이 긴 근무시간에 많은 업무량을 해내야 하는 매우 스트레스 받는 직장에서 일하고 있었습니다. 스트레스에 너무 짓눌린 나머지 심각한 불안증과 공황 발작에 시달리기 시작했어요. 그럴 때면 머리가 빙빙 돌고 심장이 빠르게 쿵쾅거렸습니다. 사무실에 들어갈 때면 몸이 떨리고 두통으로 머리가 깨질 듯 아프면서 발작을 일으켰어요. 친구들과 가족들에게도 마음을 닫아버렸고 사회생활도, 운동도 그만둔 채로 자신을 돌보지 않았죠.

불안한 몸과 마음을 조절할 수 없었고, 그 문제를 극복하지 못해서 결국 불안감이 제 삶의 모든 영역을 완전히 점령해버렸어요. 저는 매우 불행했고, 탈출구도 보이지 않아서 자살할 계획을 세우기 시작했습니다.

하지만 무엇인가가 저를 멈추게 했어요. 잠깐 멈춰서 다시 생각해보게 했죠.

저는 『시크릿』을 본 후 우주에 깊은 믿음이 생겼고, 우주의 소명인 듯 『매직』을 사서 읽고는 매일 마법의 실천을 따라 하기 시작했습니다.

처음에는 꽤 힘들었지만, 점점 실천하기 쉬워지면서 삶도 천천히 바뀌기 시작했어요. 처음에는 친구에게서 애정 어린 문자 메시지가 오거나, 사교 모임에 참가하거나, 남에게 칭찬을 받아 예상치 못한 즐거움을 맛보는 등 사소한 일들이 일어나더니, 나중에는 더 의미 있는 일들이 일어나기 시작했어요.

열흘째 되던 날, 사전 예고도 없이 사장님이 보수를 받는 병가를 허락해주면서 쉴 시간을 주었어요. 스무 번째 날엔 원했던 직장을 분명히 시각화했더니, 제 전문 분야에서 놀라운 스카우트 기회가 계속 들어왔어요. 그래서 스트레스 받던 직장에 과감히 사표를 던지고 다시는 사무실로 돌아가지 않았죠.

24일째에 시크릿의 실천이 제 인생을 살렸다는 사실을 알게 됐어요. 쉬면서 몸과 마음을 회복할 시간을 갖자 비로소 감사할 마음의 여유가 생기고 제가 원하는 삶을 우주에 요구할 수 있었어요. 저는 목록에 있는 모든 소원이 제게 오고 있다고 굳건히 믿었습니다.

예전엔 바스러질 듯 절박한 심정이었지만, 지금은 매일 행복감에 도취해 잠에서 깨고, 제가 가진 모든 것에 감사하며 일어납니다.

『매직』을 읽고 실천한 지 28일째에, 저는 꿈꾸던 직장에서 일하겠느냐는 제안을 받았습니다. 그 회사에서의 지위가 제가 작성한 '우주 소원 목록'에 있던 기준에 딱 맞아떨어졌을 뿐 아니라, 제안받은 연봉도 그 책에 나온 수표에 제가 써놓았던 '딱 그 금액'이었어요. 공식적인 제안서를 받았을 땐 온몸에 닭살이 돋았어요. 신성한 우주가 제가 주문한 모든 것을 제게 건네줬다는 사실을 믿을 수가 없었답니다!

감사합니다, 감사합니다, 감사합니다.

- 호주 캔버라에서, 올리비아 *Olivia M.*

당신이 원하는 모든 것을 가질 수 있다

다음 이야기에 나오는 사람들처럼, 당신이 무엇을 바라든지 우주는 당신이 그 모두를 갖길 바란다.

풍부함의 기적!

제가 『시크릿』을 처음 만났을 땐, 제 인생이 매우 엉망진창이었어요.

저는 감정적·정신적으로 쇠약해진 상태에서 회복 중이었고, 여러 가지 고통스러운 중독을 치료하고 있었던 데다 이성 관계도 혼란스러운 상태였어요. 같이 살고 있었던 언니도 마비발작과 파혼의 시련에서 회복하던 중이었어요. 언니는 살이 너무 많이 빠지고 몸이 매우 약해져서 매일 볼 때마다 하루를 넘기지 못할 것만 같았어요.

처음 『시크릿』을 봤을 때, 너무 행복해서 소리쳤던 것이 기억나요. 어린 시절엔 제 인생을 스스로 만들어갈 힘이 있다는 걸 항상 알았지만, 커가면서 그 거룩한 능력을 잃어버렸어요.

그날부터 제 인생은 계속해서 더 좋아졌어요.

시크릿을 사용하고 적용해서 저는 약물 중독과 해로운 환경에서 멀리 떨어진, 새로운 도시의 예쁜 새집으로 이사했어요.

그때부터 저는 시크릿을 이렇게 적용했답니다.

- 수입을 두 배로 올린다.
- 23년간 골초였지만, 이제 담배를 끊는다.
- 늘 골칫거리였던 감정적 문제를 치유한다.
- 술과 약물, 관계 중독에서 자신을 해방시킨다.
- 몇 년간 계획했던 사업을 시작한다.

가장 중요한 것은 고통을 힘으로 바꾼 자신의 모습이 매우 자랑스럽다는 거예요. 강하고 용기 있고, 진정으로 삶을 즐거워하며 사랑과 삶을 새롭게 고마워할 줄 아는 사람이 됐거든요!

언니도 건강을 많이 회복하고 있고, 저는 이제 인생의 동반자를 끌어당기기 위해 시크릿을 적용하고 있어요.

이 우주와 삶, 그리고 시크릿이 제 삶에 갖다주고 계속 가져다줄 모든 기적에 한없이 감사합니다.

– 인도 푸네에서, 엘 *R. Lal*

먼저 마음속으로 당신이 꿈꾸던 삶을 완전히, 제대로 살면, 곧 당신 삶에 실현될 것이다. 당신이 당신 내면에 완전히 초점을 맞출 때, 당신은 꿈이 현실로 이루어지는 데 필요한 모든 것을 끌어당길 수 있다.

이것이 끌어당김의 법칙이다. 당신 삶의 모든 창조는 당신 내면에서 시작된다.

『시크릿 데일리 티칭』 중에서

가장 큰 꿈이 실현됐어요!

저는 20년간 혼자서 아이를 키웠습니다. 항상 돈 걱정을 하며 살았죠. 어디로든 여행이라곤 가본 적이 없고, 집도 없었어요. 자신에게 했던 가장 큰 약속과 소원 중 하나는 언젠가는 영국으로 여행을 가겠다는 것이었어요. 저는 북아메리카 대륙을 떠나본 적이 없는데, 첫 번째 해외여행은 런던이었으면 했어요. 또 집도 사고 싶었고, 평생 한 번도 느껴보지 못한 경제적 안정감을 느껴보고 싶었어요. 하지만 아주 오랫동안, 이런 일들이 제 인생에서 일어날 기미가 전혀 보이지 않았죠.

그러다 우연히 『시크릿』을 알게 됐어요. 그 책은 제게 깊은 감동을 주었고, 제 상황을 완전히 바꿀 수 있다는 희망을 주었기 때문에 아주 맘에 들었어요. 저는 『파워』와 『매직』도 샀고, 제가 원하는 것에 초점을 맞추면서 매일 감사를 실천하기 시작했습니다.

저는 몸과 마음과 영혼을 사랑과 감사, 그리고 제 인생을 발전시킬 수 있다는 믿음으로 흠뻑 적시고 싶었어요. 마음속 깊은 곳에선 반복이 비결이라는 걸 알고 있었죠. 그 책들을 계속 읽으면서 감사를 실천했고, 비디오를 반복해서 보면서 믿음을 강화해나갔어요.

그랬더니 효과가 있더군요. 가끔 어떻게 시크릿이 나를 위해 작동했나를 생각할 때면 지금도 눈물이 나요.

시간이 흐르면서 제 감사와 시각화 연습의 강도를 높였습니다. 하루에 두 번 연습했는데, 아침에 잠에서 깰 때와 매일 밤 잠들기 전에 연속 30일간 계속했어요. 결과는 어땠을까요? 6개월 만에, 다음과 같은 놀라운 발전이 제 인생에 일어났어요.

- 아들이 대학을 졸업해서 원하는 직장에 취직했고, 자기 집을 사서 이사했어요. 아들이 무척 건강하고, 행복하게 성공하는 모습을 보니 이 얼마나 놀라운 보상인가요!
- 제 연봉이 3만 달러나 올랐어요.

- 집에서 할 수 있는 부업을 해서 돈을 추가로 벌기도 했어요.

- 보안이 잘되는 지하 주차장이 있고, 인테리어도 고급스러운 새 아파트에 주택담보 대출이 승인되어 아파트를 샀고, 이사도 들어왔어요.

- 신용 카드로 런던과 파리 여행을 직접 예약했는데, 제 수입이 증가해서 6개월 안에만 갚으면 된다는 사실을 알았어요.

- 아들에게 오래된 가구를 모두 주고 새 아파트에 놓을 새 가구는 3년 할부로 쉽게 살 수 있었답니다.

- 새 지프를 6년 할부로 샀어요.

- 그러다 제 엄마가 서스캐처원 주의 프린스앨버트에서 카지노 복권에 당첨돼서 115만 달러를 땄지 뭡니까! 엄마는 너그럽게도 당첨금 일부를 자녀들에게 나눠주셔서, 그 돈으로 저는 런던과 파리 여행비용에다 새 지프, 새 가구를 포함해 모든 빚을 갚을 수 있었답니다! 아파트 담보대출금을 제외하면 빚을 완전히 청산했어요. 저는 저축도 하면서 돈도 마음대로 더 많이 쓸 수 있게 됐어요.

- 엄마만 카지노 복권에 당첨된 것이 아니라, 놀랍게도 두 달 후엔 제 대부이신 삼촌이 앨버타 주 메디신햇에서 또 140만 달러짜리 카지노 복권에 당첨되셨어요!

- 그리고 무엇보다도 오랫동안 가고 싶었던 뉴욕 여행을 가기로 했어요.

- 제가 바랐던 소원이 모두 실현됐을 뿐 아니라, 훨씬 더 좋은 일은 아들이 성공하고 엄마가 즐거워하시는 모습을 보는 것이었어요. 그렇게 기분 좋은 일

은 없을 거예요!

제 삶은 계속해서 매우 만족스러워요. 저는 계속 돈을 잘 벌고 있고 여행을 다니죠. 아들과 돈독한 사이를 유지하며 아들이 성공하는 모습을 보고 있어요. 정말 멋진 일이에요.

론다, 당신에게 정말 감사드려요. 당신은 제 삶이 더 나은 쪽으로 바뀌도록 도와줬어요. 감사합니다, 감사합니다, 감사합니다!

– 캐나다에서. 킴 *Kim S.*

우리는 삶으로 오는 모든 것을 통제할 순 없다. 우리 삶엔 다른 사람들도 포함되어 있고, 그들의 행동을 통제할 순 없기 때문이다. 하지만 다음 이야기에서 샬럿이 열변을 토하듯이, 우리가 삶에서 일어난 일에 '어떻게 대응하는지'는 항상 통제할 수 있다.

엄청난 상심 극복하기

지난 12년간, 제 삶에는 가슴 아픈 일이 너무 많았습니다. 어머니, 삼촌 네 분, 이모 두 분, 가족끼리 잘 아는 지인 네 분, 사랑하는 애완동물 두 마리가 모두 저세상으로 갔습니다. 가장 최근에 제 곁을 떠난 가족은 매우 특별한 고양이 레니였는데, 올봄에 열네 살 나이로 죽었습니다. 남아 있는 가족은 여든일곱 되신 아버지와 누이 한 명뿐입니다.

『시크릿』을 읽기 전엔, 누군가가 제게 이렇게 짧은 시간 안에 많은 사람을 잃어서 마음 아파할 것이라고 알려줬더라면 제 인생은 완전히 망가질 거라고 확신했을 겁니다. 한 사람씩 제 곁을 떠날 때마다 매우 슬프고, 외롭고, 마음이 찢어지는 듯 아팠고, 많은 눈물을 흘렸다는 사실을 부인할 수는 없습니다. 장례식을 몇 번 치르자 뒤이어 찾아온 불안감과 우울증에 시달리기도 했습니다.

하지만『시크릿』과 끌어당김의 법칙 덕분에, 매번 슬픔을 극복하고 제 예상보다 훨씬 빨리 정상적인 삶으로 돌아올 수 있었습니다. 사실 제가 방금 설명한 큰 상심을 생각하면 상식적으로 이해가 되지 않지만, 실제로 저는 그전보다 최근 몇 년간 삶을 더 많이 즐기고 있어요! 더 강해진 기분이 들고, 삶이 더 풍부하고, 더 재미있고 신나게 여겨지기도 합니다.

시크릿은 제게 계시였어요. 우리가 환경이나 감정의 희생양이 될 필요가 없다는 사실을 제게 가르쳐줬으니까요. 저는 우리에게 일어나는 일이나 우리가 그것에 어떻게 반응하는지는 어쩔 수 없는 일이라고 믿었지요. 계속 두려움에 떨면서, 다음 위기가 언제 닥쳐와 저를 슬픔의 구렁텅이에 밀어 넣을지를 걱정했어요. 남들이 한 일과 하지 않은 일에 따라 기분이 좋아지기도 하고 나빠지기도 했어요. 제가 남들을 통제할 순 없지만, 남들이 한 일에 대해 내 반응을 통제할 순 있다는 사실을 배운 순간 저는 '아하!' 하며 깨달음을 얻었죠. 좋은 것이든 나쁜 것이든 제 생각과 감정으로 끌어당겨서 스스로 미래를 조절할 수 있다는 깨달음도 얻었습니다.

제 주위에서 노인들과 애완동물이 죽는 것을 막을 수는 없겠지만, 『시크릿』은 이런 사건들에 제가 대처하는 법을 조절할 수는 있다고 가르쳐줬습니다. 제가 감정적으로 무너져 과거를 붙들고 불가능한 일을 바랄지, 아니면 차분히 사랑하는 사람을 보내주고 그 죽음을 영혼이 가야 할 여정의 일부로 받아들이면서 더 나은 미래를 생각할지는 전적으로 제게 달려 있습니다. 이 얼마나 힘이 되는 사고방식입니까!

저는 상심하거나 다른 시련을 맞을 때마다 『시크릿』을 다시 보면서 에너지를 충전하고, 삶에 힘과 열정을 되찾습니다. 매번 효과가 있어요. 물론 하루아침에 이루어진 것은 아니지만, 시크릿이 아니었다면 지금쯤 저는 나쁜 상황에 빠져 있을지도 모릅니다.

– 캐나다 온타리오 주에서, 샬럿 *Charlotte B.*

이 책에서 자신의 이야기를 공유한 사람들은 모두 당신을 격려하고 희망을 주겠다는 큰 바람 이외에 다른 동기는 없다. 가끔 그들의 이야기는 당신도 보았듯이, 고통스러운 사연들을 포함하고 있다. 고통이 크면 클수록, 우리 삶을 완전히 바꾸겠다는 추진력도 더 크다고 할 수 있다. 잿더미 속에서 새로운 인생이 나오는 것이다.

무엇이든 너무 늦어서 바꿀 수 없는 것은 없다. 너무 낮게 떨어져 다시 올라올 수 없는 상황도 없다. 잃어버린 기회도 없다. 그리고 가장 좋은 소식은 당신이 바꿔야 하는 것은 세상이 아니라는 점이다. 그저 당신이 생각하는 방식을 바꾸고, 당신이 느끼는 방식을 바꾸면 당신 눈앞에 펼쳐질 상황이 바뀔 것이다. 그러면 사람들을 격려하고 희망을 주는 이야기가 곧 당신의 사연이 될 것이다. 당신을 바꿈으로써 당신은 계속 나아가 진정으로 세상을 바꿀 수 있다.

시크릿과 함께 레슬링

스물두 살에 저는 늘 꿈꾸던 프로레슬링 선수가 되었습니다. 처음엔 일종의 마이너리그부터 시작했지만, 언젠가는 크게 성공할 수 있기를 바랐습니다. 레슬링은 열두 살 때부터 제가 하고 싶던 전부였습니다. 저는 몸으로 부대끼는 그 격렬함이 좋았습니다. 레슬링을 배우는 것도 좋아했어요. 하지만 레슬링계는 완전히 다른 세상이었습니다. 다른 사람의 영혼을 파괴하는 데 자부심을 느끼며 정신적·신체적 학대를 일삼는 전혀 새로운 세상이었죠.

하루하루 지나면서 저는 천천히 자신도 모르게 더 부정적이 되었고, 희망을 잃고 있었습니다. 제 내면과 주위의 부정적인 생각들 때문에 자신감을 잃었습니다. 하지만 그만둘 마음도 없었고, 분발하여 상황을 바꿀 수 있다고 생각했기에 그만두지는 않았습니다. 바로 그때, '쾅!' 하고 일이 터졌죠! 뭔가가 저를 다시 때려눕혔어요.

상황이 그보다 나쁠 수 없으리라고 생각하자, 정말로 그렇게 되더군요. 저는 다른 도시로 이적되어 새로운 도시의 새로운 직장에서, 의심할 여지 없이 성인이 된 후 가장 힘든 시기를 보냈습니다. 레슬링과 관련된 신체적 관점에서는 상황이 조금 나아졌지만, 정신적으로는 좌절했어요. 자신을 위한 진정한 목표가 없었고, 그냥 삶이 저를 통제하도록 내버려뒀습니다.

뉴스를 보면서도 우울했어요. 체육관에도 갔지만 우울했지요. 밤에는 동료들과 어울려서 술도 마셨지만, 아침에 깨면 훨씬 더 우울했어요. 부정적인 생각이 제 세계를 지배하고 있었죠. 한때는 꿈이었던 직장에서 이젠 계약 해지당할지도 모른다는 생각으로 밤마다 악몽에 시달리기 시작했어요.

훈련하던 어느 날, 저는 가장 친한 친구인 팻과 이야기를 나누고 있었습니다. 팻은 당시 저처럼 계약된 프로 선수가 되고 싶어서 매일 체육관에 나와 무보수로 선수들에게 훈련 상대를 해주고 있었습니다. 그날도 우리는 스트레칭을 하고 몸을 풀면서, 링 주변에서 준비 운동을 하고 있었습니다. "나는 오늘 틀림없이 계약 해지될 거야." 제가 중얼거렸어요. 팻이 올려다보며 말했죠. "아닐 거야. 넌 여기서 덩치도 가장 크고, 가장 가능성 있는 선수인걸." 하지만 부정적인 생각이 저를 짓눌렀어요.

그런데 탈의실에 있던 모두가 계약 해지당하는 선수가 있을 것이라는 소문을 들었습니다. 저는 훈련을 마치고 녹초가 될 만큼 지쳐서 우울한 마음으로 집으로 돌아갔고, 그 문제에서 벗어나고 싶어서 낮잠을 자기로 했습니다. 하지만 사장에게서 온 음성 메시지 때문에 곧 잠에서 깼는데, 예상대로 제가 계약 해지당했더군요.

저는 늘 꿈꾸었던 직업을 잃은 자신이 너무 부끄러워서 완전히 바닥까지 추락했습니다. 만난 지 얼마 되지 않은 여자와 동거를 시작했고, 결국 스모키본 레스토랑에 취직했습니다. 식당 일을 좋아하지도 않았고 레슬링이 그리웠지만, 일주일에 50~60시간까지 고되게 일했습니다. 그나마 제 자리에 팻을 추천해서, 적어도 레슬링에 관한 우리의 꿈과 실패를 함께 이야기할 수 있어서 조금 위안이 되었습니다.

저는 다시 술을 마시고 담배를 씹으며, 통제력을 잃은 채 삶이 매우 나쁜 방향으로 흘러가도록 내버려뒀습니다.

일이 끝나고 매일 밤 보드카를 한 병 사서 마시곤 했죠. 처음에는 여자 친구와 함께 마셨기 때문에 아무런 해가 되지 않는 것 같았어요. 하지만 결국 우린 헤어졌고, 저는 훨씬 더 바닥으로 가라앉았습니다. 이젠 꿈꾸던 직장도, 여자 친구도 없었죠. 여자 친구의 넓고 멋진 집에서 나와 코딱지만 한 원룸에 달랑 TV와 싸구려 침대, 여자 친구가 너그럽게도 빌려준 소파만 놓고 살았습니다. 너무 부끄러워서 부모님과 대화도 피했고, 거의 2년간은 집에도 가지 않았어요.

팻은 자신도 실연을 당한 후 비슷하게 힘든 시기를 겪었기 때문에 제가 사는 모습을 보고 정말 걱정스러워했습니다. 그래서 우리는 함께 레슬링의 꿈을 다시 좇기를 바라면서, 직장 근처에 적당한 아파트를 찾아 같이 사는 데 동의했죠.

어느 날 일을 하고 있는데 오랫동안 만나지 못했던 친구가 식당으로 들어왔어요. 그는 제 신세를 보고는 몹시 놀랐고, 떠나기 전에 말하길 자기가 『시크릿』이란 책을 읽었는데 정말 큰 도움을 받았다고 하더군요. 친구는 제게 돈을 쥐여주며 말했어요. "오늘 가서 그 책을 사. 분명 도움이 될 거야." 저는 밑져야 본전이라 생각했고, 그길로 나가서 『시크릿』을 샀어요. 그날 밤 집에 와서는 앉은 자리에서 끝까지 다 읽었죠. 읽자마자 그 책에 사로잡혔어요! 어릴 적에는 정말로 시크릿 법칙을 많이 썼는데, 어른이 되고 나서는 '나는 원하는 것은 무엇이든 할 수 있어'라는 긍정적인 사고방식을 잃어버린 것 같았어요. 저는 책을 다시 읽은 후, 서점에 가서 「시크릿」 DVD도 샀고, 제 목표를 전부 시각화할 비전 보드도 샀어요.

팻이 늦게까지 교대근무를 하고 집으로 돌아오자 『시크릿』에 관해 말했어요. 팻도 즉시 관심을 보였죠. 제 안에서 저를 깨운 무엇인가를 그가 봤다고 생각해요. 팻도 비디오를 봤고, 책을 읽었고, 비전 보드를 만들었어요. 우리 아파트는 온통 우리 미래를 위한 비전 보드가 돼버렸죠. 동기부여가 되는 이미지와 포스터를 여기저기에 붙여놓았거든요.

한 달도 되지 않아, 팻이 제게 어떤 행사에서 열리는 레슬링 경기에 함께 참여하지 않겠느냐고 권했어요. 저는 동의했고, 우리는 일도 병행하면서 다시 링으로 돌아갔죠. 레슬링은 재미있었어요. 긍정적인 기분이 들었어요. 물론, 우리는 여전히 레스토랑에서 긴 시간을 일했지만 힘이 넘쳤죠.

어느 날 「터미네이터2」를 보고 있는데, 문득 깨달음을 얻었어요. 제가 아널드 슈워제네거처럼 느껴졌어요! 천하무적인 것 같았죠. 저는 내내 터미네이터처럼 강인한 성격이었어요. 시크릿을 알고 나서 저는 자신에게 터미네이터라는 정체성을 부여하고, 꿈의 직업을 향한 두 번째 라운드를 준비했습니다.

그래서 긴 이야기를 정리하자면, 저는 옛 상사에게 좋은 인상을 심어줬고, 결국 꿈꾸던 직업에 다시 복귀할 수 있었습니다. 얼마 후에는 큰 무대에서 성공을 거뒀고, 이제는 인생에서 꿈꾸던 모든 것이 제 앞에서 실현되고 있답니다!

훨씬 많은 이야기가 있지만, 이것이 라이언 리브스라는 열두 살짜리 소년이 프로레슬러가 되는 꿈을 이룬 진짜 사연의 핵심입니다. 한때는 꿈을 잃었지만, 그 때 시크릿을 만나 꿈을 되찾았고, 오늘날 WWE 슈퍼스타인 빅가이 라이백으로 전 세계에 알려져서 매우 자랑스럽습니다.

팻은 지금 프로레슬링 회사 두 개와 훈련학교 두 곳을 운영하면서, 믿을 수 없는 일들을 해내고 있습니다. 7년 전 우리는 담배 냄새나는 작은 아파트에서 우울증과 좌절감에 시달리며 살았습니다. 시크릿을 알게 되어 삶이 이렇게 변할 수 있다는 것이 놀라울 뿐입니다.

– 미국 네바다 주 라스베이거스에서. 라이언 Ryan R.

우리의 자연스러운 상태는 즐거움이다. 부정적인 생각을 하고, 부정적인 말을 하고, 비참하게 느낄 때 에너지가 많이 소비된다. 쉽고 편한 길은 좋은 생각을 하고, 좋은 말을 하고, 좋은 행동을 하는 것이다. 쉽고 편한 길을 가라.

『시크릿 데일리 티칭』 중에서

당신이 원하는 모든 것을 얻으려면 내면을 다스려라! 바깥세상은 결과의 세계이며, 생각의 결과물일 뿐이다. 행복한 생각을 하고, 행복한 생각을 받아라. 행복과 즐거움을 내뿜고, 온 힘을 다해 그것을 우주로 전송해라. 그러면 당신은 지상에서 진정한 천국을 경험할 것이다.

당신의 삶을 바꾸는 비결

- 당신은 삶이 제공하는 모든 좋은 것을 받을 자격이 있다. 당신이 바라는 것이 무엇이든, 우주는 당신이 그것을 갖길 원한다.

- 남들이 당신을 대접하길 바라는 대로 자신을 대해라.

- 당신이 자신을 부정적으로 생각하면, 자신에게 부정적인 환경을 끌어당길 것이다.

- 삶은 당신이 내면에서 느끼는 것을 그대로 당신에게 반사한다.

- 당신 인생의 모든 창조는 당신 내면에서 시작된다.

- 먼저 가슴속 깊이 꿈꾸던 삶을 살아라. 그러면 실제로 이루어질 것이다.

- 가끔은 그렇게 보이지 않을지라도, 모든 것이 당신을 위해 일어나고 있다.

- 당신이 아무리 어려운 환경에 처해 있더라도, 감사하기를 연습하면 빠져나갈 출구를 찾는 데 도움이 될 것이다.

- 당신 삶에 무슨 일이 생기는지가 아니라 그 일에 어떻게 반응하는지가 중요하다.

- 무엇이든 너무 늦어서 바꿀 수 없는 일은 없다. 당신이 생각하는 방식과 느끼는 방식을 바꿔라.

감사의 글

이 매우 특별한 책을 쓰도록 지지해주고 도와주신 다음과 같은 사람들에게 진정으로 감사의 뜻을 전하게 되어 영광입니다.

자신의 이야기가 다른 사람들에게 도움이 되고 희망을 주리라는 단 하나의 바람으로 기꺼이 시크릿 사연을 공유해주신 여러분께 진심으로 감사 인사를 올립니다. 그리고 자신의 시크릿 사연을 우리 웹사이트에 올려주신 독자 수만 명 모두에게 감사드립니다!

이 책은 팀을 이루어 함께 만들었는데, 처음부터 끝까지 일하는 과정이 무척 즐거웠습니다. 시크릿 팀원의 헌신과 매우 소중한 기여에 감사드립니다.

우리 팀은 비교적 인원이 적지만, 대단히 재능 있는 사람들로 구성되었습니다. 편집에서는 프로듀서 폴 해링턴과 편집자 스카이 번이 저와 함께 노고를 아끼지 않고 이 책을 만들었습니다. 그들은 저만큼이나 이 책에 애착을 많이 쏟았습니다. 재무담당 최고 책임자이자 기획자인 글렌다 벨과, 더없이 사람 좋은 돈 지크, 소셜 미디어 전문가 조시 골드, 시크릿 웹사이트 편집자이자 다정한 친구인 마시 콜턴-크릴리에게도 감사 인사를 전합니다.

책의 표지와 내부 디자인을 해준 매우 재능 있는 예술가인 『시크릿』의 크리에이티브 디렉터 닉 조지에게 감사를 드립니다. 닉과 함께 표지 디자인을 공동 작업한 아트리아북스의 미술 감독 앨버트 탱에게도 감사를 드립니다.

우리의 출판 파트너인 사이먼 앤 슈스터 출판사, 특히 아트리아북스 팀에게 감사드립니다. 아트리아 북스의 사장이자, 저와 같은 호주인으로 매우 특별한 인연인 주디스 커와, 아트리아 프로덕션에서 누구나 함께 일하고 싶을 최고의 팀원들에게도 감사의 인사를 전합니다. 리사 케임, 달런 드릴로, 라케시 사티알, 로언 라, 킴벌리 골드스타인, 페이지 라이틀, 짐 티엘, 이졸데 사우어, E.베스 토마스, 칼리 소머스틴, 다나 슬로언, 그리고 작가 주디스 커언에게 감사드립니다. 여러분 모두에게 깊이 감사드립니다!

사이먼 앤 슈스터사의 CEO인 캐럴린 레이디께 감사드립니다. 우리 법률팀인 보니 에스케냐지, 줄리아 헤이와 그린버그 글러스커사(社)의 제시 세부얼에게 감사드립니다. 아트리아북스의 일라이자 M. 리블린에게도 감사 인사를 전합니다.

저는 지난 10년간 수많은 영적 지도자와 전통에서 삶을 바꿀 만한 깨달음을 받았습니다. 특히 제 영원한 스승이자 친구인 장미 십자회*Rose Cross Order*의 엔젤 마틴 벨라요스께 감사드립니다. 또 이 책을 만드는 동안 영적 이해에 큰 영향을 주신 선생님들, 세일러 밥 아담슨(사랑합니다, 밥), 로버트 애덤스, 데이비드 빙엄께 감사 말씀을 드리고 싶습니다.

제 소중한 가족들께도 감사드립니다. 아주 특별한 딸 헤일리와 스카이 번, 사랑스러운 자매들 폴린 버넌, 글렌다 벨, 얀 차일드께 감사합니다. 피터 번, 오쿠 덴, 케빈 '키드' 맥케미, 폴 크로닌과 멋진 손주 사반나와 헨리에게도 감사를 전합니다. 여러분 모두가 있어서 저는 매우 축복받은 사람입니다.

가능한 한 매 순간 영적 진실을 추구하겠다는 일념밖에 없는데도 오랜 시간 저를 사랑해주고 옆에 있어준 친구들에게 감사합니다. 엘레인 베이트, 마크 위버, 프레드 네이더, 포레스트 콜브, 안드레아 키어, 케티 캐플랜, 모두 고맙습니다. 또 일로 만나 교류하면서 제 삶을 훨씬 더 멋지고 즐겁게 해준 특별한 분들께 감사를 드립니다. 로버트 코트, 대단한 케빈 머피, 네이진 젠

드, 다니 피올라, 제 개인 비서 파멜라 밴더볼트, 아일린 랜덜, 일리지아 트루힐로에게 감사드립니다.

마지막으로 제 딸 스카이가 없었더라면 이 책은 여러분 손에 있지 못했을 겁니다. 스카이는 이 책을 편집하고 작업했을 뿐 아니라, 시크릿 사연의 출판 프로젝트를 처음 제안했고, 최종적으로 출판될 때까지 모든 면에서 열정적으로 팀원들을 격려했습니다. 그 결과 우리가 출판한 책 중 최고의 책이 드디어 여러분 손에 있습니다. 이 책은 여러분과 똑같은 사람들의 진짜 이야기니까요.

세계 각국에서
사연을 보내주신 분들

아프리카

케냐 나이로비에서, 앨런 Alan

두 배냐, 빈손이냐! p.186

아시아

홍콩에서, 티나 Tina

어떤 병에도 끄떡없어요. p.134

인도 푸네에서, 엘 L. Lal

풍부함의 기적! p.232

인도 뭄바이에서, 사미타 Samita P.

사랑스러운 딸을 낳는 축복을 받았어요. p.138

말레이시아 쿠알라룸푸르에서, 에니 Enny

그건 기적이었어요. p.8

브리티시컬럼비아 주 밴쿠버에서, 제시카 Jessica C.
아름다운 치유, p.125

매니토바 주 위니펙에서, 댈러스 Dallas C.
2주 만에 새 삶이 왔어요, p.192

캐나다에서, 킴 Kim S.
가장 큰 꿈이 실현됐어요! p.234

온타리오 주 오타와에서, 풍족한 여사
여러분만의 수표를 쓰세요, p.73

너나이모에서, 롤랜드 Roland C.
뜻이 있는 곳에 길이 있답니다! p.180

빅토리아에서, 테아 Thea C.
길거리에서 시크릿까지, p.218

유럽

아일랜드에서, 안드레아 Andrea
상상의 힘, p.141

리버풀에서, 헬렌 Helen
우주에서 온 이메일, p.194

버크셔 주 애스콧에서, 제인 Jane J.
최선을 다해 믿기, p.157

런던에서, K.
대담한 오디션, p.182

런던에서, 케이트 Kate L.
새로운 시작, p.220

에식스에서, 멜리카 Melica P.
친구에게 받은 작은 도움, p.51

버밍엄에서, 레베카 Rebecca D.
아들이 살아났어요, p.146

런던에서, 레베카 Rebecca
제가 어떻게 집을 팔았을까요? p.88

런던에서, 지 Zee
세상의 모든 독신 여성에게! p.98

미국

아칸소 주 매그놀리아에서, 에이미 Amy

애리조나 주 피닉스에서, 다이애나 Diana R.

캘리포니아 주 LA에서, 알렉스 Alex

캘리포니아 주 LA에서, 앰비카 Ambika N.

캘리포니아 주 샌프란시스코에서, 첼시 Chelsea

캘리포니아 주 샌디에이고에서, 엘리자베스 Elizabeth M.

캘리포니아 주 치코에서, 하이디 Heidi T.

캘리포니아에서, K.

캘리포니아 주 샌프란시스코에서, 캐시 Kathy
빈 의자, p.90

캘리포니아에서, 라니 Laarni R.
작은 것, p.31

캘리포니아 주 라구나 비치에서, 로렌 Lauren. T.
내 기적의 심장, p.122

캘리포니아에서, 루신다 Lucinda M.
거대한 종양이 사라졌어요! p.155

캘리포니아 주 풀러턴에서, 태미 Tammy H.
사랑을 절대 포기하지 마세요, p.101

캘리포니아 주 브렌트우드에서, 트리시아 Tricia
한 번 요구하고 내버려 두세요, p.23

콜로라도 주 콜로라도 스프링스에서, 나이트 Knight A.
의사들이 기적이라고 말했어요, p.120

콜로라도 주 푸에블로에서, 제인 Zane G.
믿기지 않을 만큼 놀라운 일, p.79

코네티컷 주에서, 어맨다 Amanda
1페니를 찾자 모든 것이 바뀌었어요. p.29

플로리다 주 로더데일에서, 앤지 Angie
이젠 부정적인 낸시가 아니에요. p.85

플로리다 주에서, 아네트 Annette
다니던 직장에서마다 괴롭힘을 당했어요. p.166

조지아 주 서배너에서, 나탈리 Natalie F.
날짜를 확인하세요. p.75

조지아 주에서, 팻 Pat
하늘에서 떨어진 돈. p.81

일리노이 주 시카고에서, 린지 Lindsey
우주에 알려주세요. p.199

인디애나 주에서, 켈리 Kelly
아무것도 남지 않았을 때도 당신에게는 시크릿이 있어요! p.172

메릴랜드 주 볼티모어에서, 야나 Yana F.
일자리. p.184

미시간 주에서, 제이슨 Jason
믿지 않았어요, 그때까지는…, p.33

미시간 주 디트로이트에서, 제니 Jenny L.
밑바닥에서, p.208

미시시피에서, 마르타 Marta
뽀빠이, p.13

네바다 주 라스베이거스에서, 라이언 Ryan R.
시크릿과 함께 레슬링, p.240

뉴욕 주 시러큐스에서, 캐럴 Carol S.
정신이 번쩍 들게 한 사건, p.132

뉴욕 주 뉴욕에서, 한나 Hannah
내 인생 최고의 해, p.46

뉴욕 주 버펄로에서, 헤더 Heather M.
새집, 새 아기, p.53

뉴욕 주 롱아일랜드에서, 케이트 Kate
무엇이 당신을 믿게 할 수 있을까요? p.170

뉴욕 주에서, 마리아 Maria
스물다섯에 제 책을 출판했어요! p.175

펜실베이니아 주 도일스타운에서, 프랜시 Franci K.
카일의 심장. p.153

펜실베이니아 주 플리머스에서, 지나 Gina
어떻게 시크릿이 우리를 움직였는가. p.83

텍사스 주 댈러스에서, 듀렐 Durelle P.
선물. p.112

유타 주 솔트레이크시티에서, 에이버리 Avery H.
삶의 갈림길에서. p.224

워싱턴 주 시애틀에서, 애슐리 Ashley S.
평생 간직한 여행의 꿈. p.24

워싱턴 주에서, 로레타 Loretta
환상의 조합. p.189

시크릿을 팔로우하세요

Instagram : @thesecret365
Facebook : facebook.com/thesecret/
Twitter : @thesecret

나는 시크릿으로 인생을 바꿨다

| 펴낸날 | 초판 1쇄 2017년 3월 20일 |
| | 초판 3쇄 2021년 2월 15일 |

지은이	론다 번
옮긴이	허선영
펴낸이	심만수
펴낸곳	(주)살림출판사
출판등록	1989년 11월 1일 제9-210호

주소	경기도 파주시 광인사길 30
전화	031-955-1350 팩스 031-624-1356
홈페이지	http://www.sallimbooks.com
이메일	book@sallimbooks.com

| ISBN | 978-89-522-3595-4   03320 |

이 도서의 국립중앙도서관 출판시도서목록(CIP)은 서지정보유통지원시스템 홈페이지
(http://seoji.nl.go.kr)와 국가자료공동목록시스템(http://www.nl.go.kr/kolisnet)에서
이용하실 수 있습니다.(CIP제어번호: CIP2017003346)